"REMENDO NOVO EM PANO VELHO"

RONALDO JOSÉ DE SOUSA

"REMENDO NOVO EM PANO VELHO"

Obstáculos e possibilidades de
conversão pastoral na Igreja Católica

EDITORA
SANTUÁRIO

DIREÇÃO EDITORIAL:
Pe. Fábio Evaristo R. Silva, C.Ss.R.

CONSELHO EDITORIAL:
Ferdinando Mancilio, C.Ss.R.
José Uilson I. Soares Júnior, C.Ss.R.
Marcelo da Rosa Magalhães, C.Ss.R.
Mauro Vilela, C.Ss.R.
Victor Hugo Lapenta, C.Ss.R.

COPIDESQUE:
Sofia Machado

REVISÃO:
Bruna Vieira da Silva

DIAGRAMAÇÃO:
Junior Santos

COORDENAÇÃO EDITORIAL:
Ana Lúcia de Castro Leite

Dados Internacionais de Catalogação na Publicação (CIP) de acordo com ISBD

S725r   Sousa, Ronaldo José de

Remendo novo em pano velho: obstáculos e possibilidades de conversão pastoral na Igreja Católica / Ronaldo José de Sousa. - Aparecida, SP : Editora Santuário, 2019.
96 p. ; 14cm x 21cm.

ISBN: 978-85-369-0594-5

1. Cristianismo. 2. Pastoral. 3. Igreja Católica. I. Título.

2019-653

CDD 240
CDU 24

Elaborado por Vagner Rodolfo da Silva - CRB-8/9410

Índice para catálogo sistemático:
1. Cristianismo : Fé 240
2. Cristianismo : Fé 24

1ª impressão

Todos os direitos reservados à **EDITORA SANTUÁRIO** — 2019

Rua Padre Claro Monteiro, 342 — 12570-000 — Aparecida-SP
Tel.: 12 3104-2000 — Televendas: 0800 16 00 04
www.editorasantuario.com.br
vendas@editorasantuario.com.br

Para Airton Dantas e Eulira Freitas.
Sou grato por terem me permitido entrar em sua casa.
A eles meu profundo respeito e minha filial ternura.

Sumário

Introdução 9
Para que o rasgo não se torne maior

I. Quem quiser salvar sua paróquia vai perdê-la 13
1. Introdução 13
2. A paróquia 13
3. O Estudo 104 17
4. Conclusão 22

II. Conversão pastoral:
   indicações concretas à luz da sociologia 25
1. Introdução 25
2. Uma mudança paradigmática 26
3. O Documento 100 39
4. Conclusão 44

III. Comunhão eclesial: a autonomia
   como elemento constitutivo 45
1. Introdução 45
2. Nada me impuseram:
   o modelo evangelizador de São Paulo 46
3. Comunidades simples e comunidades complexas 52
4. Conclusão 54

IV. Protagonismo laical em tempos de nova evangelização 57
1. Introdução 57
2. O risco de um discurso sem prática 58
3. Ide vós também para minha vinha 60
4. Conclusão 67

V. Novas comunidades: uma alternativa pastoral? 69
1. Introdução 69
2. Novas comunidades: razões do aparecimento e crescimento 70
3. Uma alternativa pastoral? 80
4. Conclusão 84

Considerações finais 87
E assim ambos se conservam

Introdução
PARA QUE O RASGO NÃO SE TORNE MAIOR

A expressão "conversão pastoral" entrou para o linguajar eclesial católico, sobretudo, a partir da Conferência de Aparecida, SP, ocasião em que o Conselho Episcopal Latino-Americano (2008, n. 366) advertiu que "os bispos, presbíteros, diáconos permanentes, consagrados e consagradas, leigos e leigas, são chamados a assumir uma atitude de permanente conversão pastoral, que envolve escutar com atenção e discernir 'o que o Espírito está dizendo às Igrejas' (Ap 2,29) através dos sinais dos tempos nos quais Deus se manifesta".

Na prática, converter-se pastoralmente significaria alterar os modos de organização e atuação da Igreja, visando a uma ação mais missionária e menos voltada para si própria, tendo em vista os novos contextos advindos com as mudanças sociais consolidadas no início do terceiro milênio, notadamente aqueles promovidos pelo uso massificado das tecnologias da informação.

Porém, enquanto o discurso evolui – e, de fato, progredimos muito em nossa reflexão acerca dos equívocos pastorais que cometemos – a prática parece condicionada a uma série de entraves, de maneira que envernizamos algumas coisas, mas não promovemos transformações que realmente impliquem em uma nova atitude organizacional e maior eficácia evangelizadora.

Minha intenção é apresentar, aqui, algumas razões pelas quais a conversão pastoral, algo tão pleiteado, discutido e divulgado, oferece tanta dificuldade de concretização. Parto do pressuposto de que quando a maior parcela das pessoas de uma organização, seja ela qual for, pleiteia uma coisa e, na prática, essa coisa não se efetiva, deve existir algo que a atravanque, não obstante o consenso. Com efeito, a necessidade de uma conversão pastoral é consensual nos ambientes eclesiais e, apesar disso, ninguém parece conseguir explicar como verdadeiramente ela poderia acontecer.

Em princípio, apostaríamos em um problema conceitual, ou seja, consideraríamos a possibilidade de estarmos usando o mesmo termo para falar a respeito daquilo que cada segmento entende diferente. Isso certamente acontece. Porém, não creio que esse seja o único fator. Existe um problema *estrutural* que impede os avanços. Um problema de estrutura institucional, agravado pelo arcabouço mental da maioria dos católicos, que não consegue se emancipar de "pensar" a Igreja sem a sua rigidez milenar.

Esse problema de estrutura mental e institucional é o enigma que procurarei desvendar neste livro. Pareceu-me bem esforçar-me para, ao menos, oferecer algumas pistas que ajudem a elucidar o que está obstruindo a conversão pastoral na Igreja católica e quais seriam algumas iniciativas de vanguarda, cujas consequências abririam maiores possibilidades de concretizá-la.

Todos os capítulos convergem para um ponto nevrálgico, traduzido na expressão evangélica "remendo novo em pano velho" (cf. Mt 9,16). Isso, porque o que procurarei demonstrar é que a conversão pastoral é uma novidade impossível de se concretizar sem que haja uma renovação *da estrutura eclesial*, uma espécie de mudança radical, visto que os tempos também mudaram radicalmente. Usando a metáfora bíblica: remendo novo (conversão pastoral) não se põe em tecido velho (velha estrutura), sob pena de que ambos se percam.

Não farei arrodeio. Irei diretamente ao ponto nos dois capítulos iniciais, usando como aporte principal as ciências sociais e levando em conta os textos da Conferência Nacional dos Bispos do Brasil (CNBB) que pleiteiam "uma nova paróquia", como comunidade de comunidades (*Estudo 104* e *Documento 100*).[1] Os outros capítulos aprofundam alguns aspectos sinalizados nos primeiros, tratando de assuntos que, a meu ver, devem figurar na pauta de discussões da Igreja na contemporaneidade quando o tema é "conversão pastoral".

Um desses capítulos subsequentes tenta ampliar o conceito de comunhão eclesial, propugnando que a autonomia é seu elemento constitutivo. Outro trata do protagonismo dos leigos na evangelização. O último sugere que as chamadas "novas comunidades" propõem, implicitamente, uma alternativa pastoral, pois, em diversos contextos, conseguem atender mais eficazmente às demandas missionárias.

Estou consciente de que, para os mais ortodoxos, o texto pode parecer muito arrojado, quiçá atrevido. Os progressistas – quem sabe – considerá-lo-ão moderado. A despeito disso, quero deixar claro que não tive a intenção de ser pretensioso, mas apenas convincente e, algumas vezes, persuasivo. Estou

---

[1] Cf. CONFERÊNCIA NACIONAL DOS BISPOS DO BRASIL. *Comunidade de comunidades*: uma nova paróquia. Brasília: Edições CNBB, 2013 (Estudo 104); Id. *Comunidade de comunidades*: uma nova paróquia. A conversão pastoral da paróquia. São Paulo: Paulinas, 2014 (Documentos da CNBB, 100).

disponível a reconsiderar argumentos ou opiniões sempre que, por mim mesmo ou por intermédio de outrem, tiver mais clareza a respeito das diversas nuances envolvidas nesse debate ao mesmo tempo difícil e necessário.

No fim das contas, meu esforço aqui intenta ser em benefício da Igreja católica – a quem pertenço com alegria – alertando para os perigos de um discurso sem prática e para a necessidade de uma nova postura *para que o rasgo não se torne maior*.

I
Quem quiser salvar sua paróquia vai perdê-la

1. Introdução

Enquanto alguns insistem em afirmar que "fora da paróquia não há salvação", honestamente, eu fico me perguntando: "Há salvação para a paróquia?" A pergunta provém de uma visão *sociológica*, de minha percepção, como estudioso, acerca de quanto a estrutura paroquial é inadequada à sociedade contemporânea. Não se trata de um olhar *pessimista* ou que desconsidera os grandes esforços e o diligente trabalho de milhares de ministros ordenados ou leigos que se dedicam a essa antiga unidade eclesial. Não tenho elementos suficientes para opinar sobre os resultados desse labor. Porém, estaria sendo infiel a minha consciência, se não alertasse para a profundidade do problema. Explico-me melhor adiante.

2. A paróquia

A paróquia foi a unidade comunitária cristã quase hegemônica, em praticamente toda a cristandade.[2] Ela se ajustava

---
[2] Além da paróquia, a cristandade apresentou apenas as "comunidades religiosas", na forma de ordens ou congregações contemplativas ou ativas, como possibilidade de engajamento comunitário. Grande parte dessas instituições, sobretudo as femininas, foi absorvida como colaboradoras das paróquias, assumindo função coadjuvante e reduzindo sua inspiração profética original ao trabalho pastoral paroquial. Cf. SOUSA, Ronaldo José de. *Comunidades de vida*: panorama de um fenômeno religioso moderno. Aparecida (SP): Santuário, 2013, p. 47.

à vida social pré-urbana, constituindo-se, em larga medida, no centro religioso e civil das comunidades tradicionais. Agregadas em torno da partilha de bens simbólicos religiosos, especialmente os sacramentos, as pessoas estavam vinculadas entre si mais pela própria estrutura social da comunidade tradicional do que pela adesão pessoal à fé. A paróquia representou, durante muito tempo, o jeito institucional católico de ser comunidade e respondeu às necessidades dos fiéis no momento histórico em que as pessoas não dispunham de elementos suficientes para questionar a rígida estrutura que ali se apresentava. A referência territorial possibilitava aos padres a delimitação do número de "almas" que ficavam sob o seu controle e, em grande número dos casos, o sucesso pastoral era avaliado tendo em vista o cômputo geral dos sacramentos distribuídos (DIEL, 1997).

Enquanto unidade comunitária cristã, *a paróquia entrou em crise* com o advento da sociedade urbana, uma vez que o sistema tradicional que a sustentava sofreu um completo desmantelamento. Com efeito, a comunidade tradicional era um tipo de convivência estável capaz de assegurar a transferência dos valores religiosos; com seu desmonte, seria inevitável o colapso da paróquia. O esgotamento atingiu seu grau máximo com os efeitos da midiatização da sociedade e das interações proporcionadas pelas novas tecnologias da informação (BAUMAN, 2003; SOUSA, 2010). Como afirma Hervieu-Léger (2008, p. 175): "A mobilidade e o desenvolvimento dos intercâmbios, certamente, minaram os fundamentos sociais e culturais do universo religioso paroquial".

No mundo de hoje, as relações sociais e os processos de produção simbólica estão cada vez mais tecnologicamente midiatizados (MORAES, 2006; SODRÉ, 2009). As mídias são presenças envolventes. Manuel Castells (1999, v. 3) chega a sugerir que a revolução concentrada nas tecnologias da informação está remodelando a base material da sociedade, fato que modificou substancialmente a operação e os resultados dos processos culturais. Segundo esse autor, a informação representa hoje o principal ingrediente de nossa organização social, engendrando o surgimento de um novo modo de desenvolvimento: o informacionalismo que, embora não substitua, altera o modo de produção capitalista. As relações de parentesco e de vizinhança, por exemplo, sofreram modificações substanciais, envolvidas no ciclo de transformações pelas quais passou a estrutura social baseada em comunidades tradicionais. A referência territorial foi reconfigurada. A família sofreu um processo de heterogeneização, mediante o esfacelamento do modelo patriarcal. Enquanto isso, a paróquia manteve sua estrutura fundamental: territorial, vertical e centralista. É por isso que a paróquia na contemporaneidade:

a) sofre pela ausência de uma identidade mais bem definida, constituindo-se uma tentativa de juntar, em uma mesma instituição, pessoas de polos ideológicos extremos (como, por exemplo, os carismáticos e os cebianos);
b) tem dificuldades de agregar novos membros (e facilidade de perder os antigos), pois ainda espera a parceria das famílias, com a qual não deveria mais contar;
c) é marcada pelo anonimato da maioria dos fiéis;
d) não tem "vocação" evangelizadora, pois, historicamente, foi constituída para congregar *cristãos*;
e) tem problemas de diálogo com o homem de hoje, devido à falta de uma linguagem mais moderna e alinhada à sociedade informacional.

Grosso modo, o que se observa, portanto, não é uma simples inadequação *conjuntural* das paroquias à sociedade contemporânea. Trata-se, na verdade, de um problema *estrutural*, pois o que mudou não foi a conjuntura e sim a estrutura social na qual a paróquia se apoiava. Por causa disso, sua renovação não é, simplesmente, uma questão de *ajustes*. Nem mesmo um problema de "santidade" dos padres ou dos leigos envolvidos, conquanto isso seja bastante importante. Do ponto de vista sociológico, a visão global que enxerga a renovação paroquial como algo a se fazer sem que se destruam seus pilares principais já desgastados é completamente equivocada. Uma mudança de época impõe uma mudança de paradigmas. A nova configuração da sociedade exige uma transformação *da* paróquia e não *na* paróquia.

A meu ver, os esforços para suprir a defasagem, assim como as numerosas adaptações feitas, ainda não conseguiram alterar a imagem de conjunto dessa instituição milenar, pelo fato de que a maioria dos agentes não mensura a profundidade de suas deficiências nem se emancipou dos conceitos e das categorias tradicionais, permanecendo apegada aos modelos do passado.

O episcopado brasileiro tem orientado para que todos se empenhem na construção de "uma nova paróquia", constituída como uma rede de comunidades, orientação essa que esbarra no pouco alcance dos católicos quanto ao que, realmente, precisa ser feito. Em certa medida, essa falta de nitidez está presente nos próprios documentos publicados pela Conferência Nacional dos Bispos do Brasil (CNBB). Um bom exemplo é o *Estudo 104*.[3]

---

[3] Op. cit.

3. O Estudo 104

De maneira geral, o texto do *Estudo 104* procura traçar um panorama a respeito das paróquias brasileiras e, nessa empreitada, não ignora os problemas que até aqui foram por mim referidos. Conquanto se contradiga em alguns momentos,[4] ele capta a fragilidade da paróquia frente ao mundo de hoje, especialmente nos grandes centros urbanos. Destaquemos alguns excertos:

a) "Essa missão pede que deixemos de lado estruturas obsoletas, isto é, que já não respondem mais às necessidades do tempo presente" (n. 1);
b) "É preciso transformar *a estrutura* da paróquia" (n. 2 – grifo meu);
c) "A configuração atual da maioria das paróquias não é mais capaz de atender às exigências próprias da experiência humana e cristã, principalmente entre os adolescentes e jovens" (n. 93);
d) "Daí a necessidade de promover reformas não só espirituais, mas também institucionais" (n. 191);
e) "É urgente abandonar as estruturas ultrapassadas que não favoreçam a transmissão da fé. (...) Há muita energia desperdiçada em manter *estruturas que não respondem* mais às inquietações atuais" (n. 191 – grifo meu);

---

[4] Por exemplo: a) Seguindo o Documento de Aparecida, o n. 69 diz que a paróquia é "o lugar privilegiado no qual a maioria dos fiéis tem uma experiência concreta de Cristo"; no mesmo número, está dito que as paróquias precisam de uma renovação para que sejam "capazes de propiciar aos seus membros uma real experiência de comunhão com Cristo"; o número 236, ainda, diz que "na paróquia, cada pessoa *deveria* ter a possibilidade de fazer o encontro com Jesus Cristo" (grifo meu); b) Igualmente na trilha de Aparecida, o número 70 lembra que aquela Conferência havia considerado a "possibilidade de comunidades ambientais integradas *em nível supraparoquial*" (grifo meu); mais adiante o *Estudo* propõe que essas mesmas comunidades ambientais sejam integradas *na* paróquia (cf. n. 238).

17

f) "As mudanças da realidade clamam por uma nova organização" (n. 237).

Alguns caminhos propostos no texto, ressaltando a organização das primeiras comunidades cristãs, parecem-me coerentes e oportunos. Eles fazem nascer a esperança de que, enfim, estamos dispostos a encarar nossas deficiências estruturais, superar conceitos obsoletos (cf. n. 110) e alterar nosso modo de agir, particularmente no mundo urbano, onde "é urgente a criação de novas estruturas pastorais, visto que muitas delas nasceram em outras épocas para responder às necessidades do âmbito rural" (CELAM, 2008, n. 173).

Entretanto, o maior problema do *Estudo 104* consiste em que, no fim das contas, os bispos optam por fazer da paróquia não só a principal, mas praticamente *a única* referência comunitária eclesial, indicando como algo normativo a agregação das outras expressões católicas em sua estrutura. "A paróquia – diz o texto – como comunidade de comunidades, *precisa integrar* as comunidades religiosas, as associações religiosas, as CEBs, os movimentos, as pastorais sociais, as novas comunidades de vida e de aliança, os hospitais, as escolas e as universidades, além das comunidades ambientais" (n. 238 – grifo meu).

Especial ênfase é dada ao abarcamento dos movimentos eclesiais e das novas comunidades: "Nos últimos tempos, cresceu o número de grupos de cristãos que propõem novas formas de reunir fiéis em torno de um carisma comum. São as novas comunidades de vida e aliança. (...) É importante acolher essas novas formas de viver a fé cristã, *integrando-as* na paróquia e oferecendo oportunidades para crescerem na comunhão e missão de toda a Igreja" (n. 166 – grifo meu). Segundo o *Estudo 104*, a inserção na paróquia seria *a forma* de esses movimentos experimentarem o dom da comunhão (cf. n. 165).

Ora, nas condições históricas atuais, inserir tudo na estrutura paroquial é deveras impossível. No mínimo, será preciso fazer uma distinção entre "comunidades simples" e "comunidades complexas".[5] A orientação do *Estudo 104*, nessa matéria, causa estranheza. Como integrar expressões eclesiais tão complexas – a exemplo das que são citadas nos parágrafos aos quais me referi ainda agora – em uma estrutura central marcada por tantos problemas de adaptação à sociedade atual? Na maioria das vezes, quando instituições eclesiais complexas tentam fazer essa agregação, elas acabam por se abafarem no universo amorfo da instituição antiga, pondo a perder aquilo que possuem de mais original, a saber: sua dinâmica e capacidade evangelizadora para além dos muros paroquiais.

No atual contexto, não tem como deixar de considerar a possibilidade de que outros referenciais comunitários autônomos existam e cresçam, em comunhão e diálogo, mas não submissos ou "integrados" às paróquias. Em um mundo plural, não se pode pleitear uma única forma de agir comunitariamente (cf. n. 159). Reconhecer essa possibilidade não implica abrir mão da comunhão eclesial, pois nem tudo o que é eclesial tem que ser paroquial.

O que se entende exatamente por "integrar"? Como – por exemplo – um grande colégio católico pode viver sua vida religiosa *integrado* na paróquia (cf. n. 163)? Como uma congregação religiosa, com diversas obras, pode ser agregada às estruturas paroquiais? Como uma comunidade de vida com grande núme-

---
[5] Cf. capítulo IV deste livro.

ro de membros, diversos apostolados e missões em várias dioceses conseguirá atender aos apelos de uma pastoral de conjunto paroquial? Como um hospital ou uma universidade (estou pasmo!) católica integrar-se-á a uma ação pastoral "de paróquia"? No mínimo, essas perguntas devem ser esclarecidas; caso contrário, essa "integração" proposta servirá apenas de argumento para autoritarismos e tentativas de controle infértil.

O que se espera que façam essas instituições para *se inserirem* na paróquia (cf. n. 165)? Que assumam trabalhos pastorais, inclusive aqueles que não têm funcionalidade evangelizadora? Que submetam seu projeto formativo aos quase sempre frágeis ditames da formação paroquial? Que esperem as decisões do conselho paroquial para elaborar seu planejamento estratégico, entravando o processo de evangelização? Que não agendem nada enquanto não for divulgado o calendário da paróquia e que não assumam compromissos de nenhuma espécie nas datas preenchidas, que geralmente são quase todas do ano? Que não requisitem doações financeiras para não atrapalhar a arrecadação do dízimo e fiquem sem pagar suas contas e, consequentemente, sem condições de continuar atuando?

E como solucionar os casos em que uma expressão institucional católica atua nas áreas de diversas paróquias? Ela teria que se integrar nas duas ou três paróquias ao mesmo tempo? Vale ressaltar que muitas comunidades, movimentos e pastorais autônomas operam em áreas *qualitativas* (mídia, artes, saúde, política etc.), cujo domínio técnico escapa à maioria dos párocos e dos conselhos paroquias. A paróquia exerceria ingerência sobre o que deve ser feito por esses grupos? E se seus trabalhos não estiverem contemplados nas principais diretrizes do plano pastoral, eles terão que abandoná-los para fazer o que propõem os objetivos e metas desse plano? Onde se espera que grandes instituições, como as citadas, integrem-se? Nos planejamentos elaborados com base em achismos ou como fruto de tendências ideológicas dominantes nas assembleias paroquiais, muitas vezes, improvisadas? Nas reuniões assistemáticas e improdutivas, quiçá prolixas e delongadas (cf. n. 204)?

Poder-se-ia argumentar que não são exatamente essas coisas que o *Estudo 104* está propondo. Mas é o que parece, pois ele adverte que a "unidade paroquial" das diversas comunidades *é indispensável* e que ela "se realiza pelo vínculo e pela partilha da caminhada, mas também *pelo planejamento pastoral, pela ação do conselho paroquial de pastoral e do pároco*" (n. 167 – grifo meu).

Ainda que centralizar tudo não seja uma pretensão do colegiado dos bispos, sê-lo-á certamente de muitos párocos e conselhos paroquiais. Com respaldo na orientação episcopal – posso assegurar – muitos padres e leigos controladores começarão a "renovação paroquial" não pela mudança das estruturas e sim pela tentativa de inserir as expressões autônomas, colocando-as a serviço de seus projetos. Alguns se utilizarão do *Estudo 104* para legitimar intervenções cujo resultado será a afetação do trabalho evangelizador dessas expressões. Inclusive porque é o texto que adverte: "O desafio da renovação paroquial *está em* estimular a organização dessa e de outras comunidades, para que promovam sua integração na paróquia" (n. 167 – grifo meu).

Há uma incoerência em admitir tão realisticamente por um lado, a fragilidade da paróquia e, por outro, querer que ela, nas condições atuais, seja o centro de uma rede que integre todas as outras instituições católicas. A paróquia, tal como se apresenta hoje, não tem como suportar essa absorção, quiçá nem a si própria, ou seja, a pluralidade de suas pastorais. Será como vinho novo em odres velhos (cf. Mt 9,17). Será como empanturrar de comida uma pessoa doente, sem sinal de melhoras. Aquilo com o que se intenta fortalecê-la, mormente torná-la-á enfraquecida. Acredito que esforços pastorais bem-intencionados certamente farão aparecer, pelo menos, algumas paróquias realmente renovadas. Mas, por enquanto, ninguém sabe como elas são e nem como fazê-las chegar a tal. Com efeito, a paróquia, historicamente, é resistente a mudanças, sobressaindo a continuidade e o desejo de nada largar de um passado recente que teve seus momentos de glória (PLÉTY, 1999). A meu ver, só é possível vislumbrar a relação que a paróquia deve estabelecer com outras expressões católicas quando a renovação paroquial efetivamente acontecer. E isso significa muito mais do que imaginamos em princípio.

4. Conclusão

No momento atual, temo pelo que pode ser feito, em nome da comunhão e com respaldo no *Estudo 104*. Que ninguém se espante, se muita gente pensar que, com a publicação dele, a "nova paróquia" já surgiu e que já podemos agir como se ela existisse. Igualmente, não será surpreendente se pessoas com desejo e necessidade de dominar utilizarem o texto para impor suas opiniões a outrem.

Não estou entre os que acham que a paróquia perdeu seu valor. Entretanto, não posso concordar que seja plausível a tentativa de torná-la primaz, "soberana", quase única no universo do catolicismo. E esse tentame está presente, ainda que implicitamente, no *Estudo 104*, no momento em que ele ignora a realidade social, apegando-se somente ao conteúdo jurídico estabelecido, que faz com que as expressões autônomas apareçam como carentes de eclesialidade.

É muito mais inteligente admitir que o próprio movimento da sociedade reconfigurou o cenário do catolicismo, oferecendo elementos para que seja identificada a melhor forma de modificá-lo estruturalmente. Trata-se de "interpretar os sinais dos tempos e ter a coragem de mudar, com fidelidade criativa, o que precisa ser revisado em vista da nova evangelização" (CNBB, 2013, n. 140).

No fim das contas, devo concluir que há, sim, salvação para a paróquia. No entanto, é necessário perceber que quem quiser salvar sua paróquia, ou seja, manter sua estrutura arcaica, irá perdê-la. Aqueles que permanecerem apegados às categorias mentais antigas, aos modelos pré-estabelecidos e ao arcaísmo estrutural da paróquia, muito provavelmente, continuarão vendo-a esvaecer-se.

Porém, os que se abrirem para acolher as novas realidades, sem arvorar-se em dizer como elas devem ser antes que se estabeleçam legitimamente, têm maiores chances de contribuir para uma efetiva renovação paroquial. Em outras palavras: quem não se importar em "perder" a paróquia irá recobrá-la com novo dinamismo e fecundidade (cf. Mt 16,25).

II
CONVERSÃO PASTORAL: INDICAÇÕES CONCRETAS À LUZ DA SOCIOLOGIA

1. Introdução

No primeiro capítulo, analisei a situação da paróquia, partindo do princípio de que a sociedade sofreu uma mudança *de estrutura* (e não de conjuntura) e que, portanto, a Igreja precisa igualmente alterar sua estrutura se quiser adaptar-se aos novos tempos. "Uma mudança de época impõe uma mudança de paradigmas", preconizei. Neste, pretendo esclarecer a respeito do que, mais especificamente, estou me referindo quando advirto que, na contemporaneidade, o problema da Igreja católica em geral e da paróquia em particular não é apenas de ajuste conjuntural, mas de completa renovação em seu arcabouço. Em outras palavras, ambiciono qualificar, à luz da sociologia, as mudanças que criariam as condições ideais para uma "conversão pastoral" capaz de responder às demandas atuais.

Para melhor conectar os dois capítulos, levo em conta, aqui, o *Documento 100*,[6] da Conferência Nacional dos Bispos do Brasil (CNBB), texto que resultou da discussão e suposto aprofundamento do *Estudo 104*. Conquanto consciente das

---
[6] Op. Cit.

limitações de minha análise, faço-a na esperança de ajudar a "amadurecer o juízo da Igreja", pois, referindo-se às ciências sociais, "João Paulo II disse que a Igreja presta atenção às suas contribuições para obter indicações concretas que a ajudem no cumprimento da sua missão de Magistério" (FRANCISCO, 2013, n. 40).

2. Uma mudança paradigmática

Apontarei cinco "campos" nos quais, a meu ver, a estrutura da Igreja precisa ser como que invertida. Chamarei de "paradigmas", em cada um deles estabelecendo um binômio característico.

a) Paradigma organizacional
Binômio rigidez/flexibilidade

O modo como a Igreja católica se organiza é deveras rígido, favorecendo pouco a flexibilidade de seus organismos e a consequente facilidade de adaptação destes às demandas que surgem na sociedade atual. Isso diz respeito não só às formas externas de organização, mas também às categorias mentais dos membros. A maioria dos clérigos e leigos só consegue "pensar" a Igreja dentro de um padrão piramidal (diocese/paróquia/comunidades, pastorais e movimentos), quando, na realidade, esse padrão não existe mais.

Graficamente, representaríamos esse arcabouço mental dominante assim:

Trata-se de um esquema mental do qual a maioria dos agentes não consegue se libertar e que se reflete, por exemplo, nos *planejamentos*. Nas assembleias diocesanas e paroquiais, há até discussões bastante avançadas, devido principalmente aos bons assessores. Porém, no momento de decidir metas e ações, quase tudo acaba sendo estabelecido como se a diocese fosse composta somente de paróquias e como se estas tivessem controle absoluto sobre os grupos eclesiais. E ainda: como se todos os católicos estivessem nesses grupos. O modo de raciocínio pressupõe uma sociedade estática em que os habitantes de determinada cidade são todos "paroquianos".

Por isso, os planos pastorais estabelecem prioridades, objetivos, metas e ações para *todos* cumprirem, a mercê da realidade de cada setor, da identidade dos agrupamentos e das condições espirituais e técnicas dos agentes. Há também um pressuposto ingênuo de que esses projetos chegam a todas as comunidades indiscriminadamente. A consequência de tudo isso é que, na maioria das vezes, a essas comunidades é imputado o descumprimento ou mesmo a pouca divulgação do plano de pastoral.

Uma organização piramidal se aplica apenas em uma sociedade estática, em que as pessoas pertencem a apenas uma comunidade ou grupo, de forma estável e quase sempre onde moram.

Entretanto, o que temos contemporaneamente é uma sociedade dinâmica, que não se organiza mais com base na territorialidade e cuja pertença institucional é fluida. A própria CNBB (2014, n. 38) reconhece que "habitar um determinado espaço físico não significa, necessariamente, estabelecer vínculos com aquela realidade geográfica". Os cristãos católicos podem estar em duas comunidades ao mesmo tempo ou parcialmente em uma, dando primado a outra (quiçá, midiática);[7] podem ainda mudar constantemente seus vínculos ou variar seu nível de pertença. Muitos não estão em paróquias e sim em comunidades de vida, movimentos autônomos ou grupos de afinidades. Essas situações impõem outro modo de planejar e comunicar esse mesmo planejamento.

O gráfico abaixo seria a representação mais próxima da realidade que estou procurando demonstrar (a dificuldade de representar reside justamente na característica mutante da sociedade e da própria Igreja):

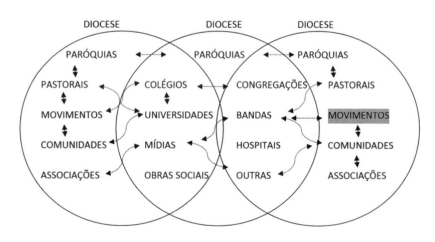

---
[7] Sobre o conceito de "comunidade midiática", cf. SOUSA, Ronaldo José de. Comunidades de vida: panorama de um fenômeno religioso moderno. Aparecida (SP): Santuário, 2013, p. 170-212.

A Igreja não pode mais ser vista como uma instituição piramidal, posto que nela há infinitas possibilidades de interação e de relações de poder. Em um contexto como o atual, não se pode pleitear, por exemplo, que os conselhos paroquiais (ou qualquer outro organismo) sejam a única instância de governo ou que abarque todas as ações dos grupos envolvidos. Na sociedade contemporânea, os conselhos paroquiais – legítimos e necessários – só conseguem funcionar, se adotarem uma postura mais aberta e menos controladora.

Uma das principais dificuldades para se renovar a paróquia é a insistência em uma rigidez absurda e ineficaz, manifestada, inclusive, nos *discursos*. A linguagem do ambiente eclesial reflete essa inflexibilidade. Na prática, a formulação "fora da Igreja não há salvação" continua com a mesma conotação autoritária, sendo "Igreja" entendida como as estruturas visíveis e tradicionais. Por isso, a existência de afirmações quase clássicas como estas: "Este grupo não está a serviço da Igreja" ou "Se não fizerem tal coisa, não são da Igreja".[8] Quando escuto afirmações assim, sinto como se o batismo dos cristãos envolvidos nessas unidades estivesse sendo reduzido a nada, posto que, conforme dito, não pertencem mais à Igreja devido a uma atitude pontual julgada incoerente.

Na sociedade de hoje, o primeiro critério para julgar uma pertença eclesial deveria ser a *participação na finalidade apostólica da Igreja,* que é a evangelização e a santificação dos homens e a formação cristã das suas consciências, de modo a conseguir permear de espírito evangélico as várias comunidades e os vários ambientes" (JOÃO PAULO II, 1989, n.

---

[8] Afirmações frágeis em sua base, pois traduzem a compreensão de que os grupos eclesiais é uma coisa e a Igreja é outra.

30). Pois, "quem não é contra nós é por nós" (Mc 9,40). A propósito disso, causou surpresa o fato desse princípio ter sido alterado no *Documento 100* para "participação na vida e missão *da paróquia*" (n. 234 – grifo meu).

Outras partes do referido documento refletem, igualmente, a inflexibilidade linguística a respeito da qual estou falando. Um exemplo: "Não há comunidade cristã que não seja missionária. Se ela esquece a missão deixa de ser cristã" (CNBB, 2014, n. 157). Deixa de ser *cristã*? Não é muito rigorismo afirmar isso? Levada ao extremo, essa afirmação coloca em dúvida, inclusive, a validade do batismo das pessoas que receberam esse sacramento em paróquias não missionárias, posto que, sob essa lógica, o teriam feito em uma igreja não cristã.

A evangelização na sociedade atual exige mais flexibilidade e menos rigidez organizacional, sendo necessário alterar esse paradigma. Parece-me que isso só é possível mediante a purificação das categorias mentais introspectadas e adesão sincera a outro modelo, mais aberto e flexível, em que os grupos tenham mais autonomia e os instrumentos de governo facilitem a mobilidade.

b) Paradigma formativo
Binômio intelectiva/experiencial

Na Igreja católica, o conceito de formação continua associado ao aspecto intelectivo, apesar dos esforços de muitos de enfatizar que ela precisa ser integral e mais voltada para o conhecimento – por assim dizer – experiencial. Sabe-se disso em teoria, contudo, no momento de elaborar os planos formativos, programamos "estudos" e prescindimos da "experiência".

O principal exemplo disso é como está organizada a formação seminarística, que dedica a maior parte do tempo às atividades acadêmicas, sem aprofundar aquilo que, em sentido qualitativo, deveria ter o primado, a saber: o querigma (FRANCISCO, 2013, n. 165). Ora, em primeiro lugar, um padre precisa ser "um homem de Deus que fez uma profunda experiência de encontro com Jesus Cristo" (CNBB, 2014, n. 204). Como atingir isso dedicando a maior parte e o melhor tempo aos livros científicos, ainda que eles falem de Deus?

Via de regra, os padres da Igreja católica ainda são formados como nos tempos da Contrarreforma, época em que um dos principais problemas era defender-se das ideias protestantes que se espalhavam pela Europa, mais especificamente nos ambientes acadêmicos.

Além do problema conceitual, a formação seminarística é longa e apresenta-se como um gargalo para os candidatos menos dotados intelectualmente. A demora é outra coisa em dissonância com os tempos atuais, que exigem mais agilidade na formação dos ministros. São aproximadamente sete anos para se formar um padre! E nenhum bispo se arrisca a alterar isso mediante, por exemplo, a redução da carga horária dos estudos. O Código de Direito Canônico, por sua vez, continua com a exigência de, pelo menos, cinco anos de preparação filosófico-teológica.[9]

E o que dizer da formação permanente? Em muitas dioceses, ela se resume a cursos de atualização ou retiros cuja espiritualidade acaba por ressaltar a oração mental. E, nes-

[9] Cf. Can. 1032.

ta matéria, esse nem é o principal problema. A meu ver, a maior deficiência da formação permanente dos clérigos está no modo como o padre é "entregue a si mesmo" após ser ordenado, residindo em uma casa paroquial e elaborando sua própria disciplina, sem nenhum controle comunitário. Esse modelo funcionava em uma sociedade baseada em vínculos estreitos, em que as pessoas da pequena cidade ou vila, elas mesmas, "vigiavam" o sacerdote. Hoje em dia, mesmo em cidades pequenas, as pessoas não estão interessadas nisso, permitindo que os padres construam um mundo particular em sua casa, agravado pelo fato de que o acesso às mídias, especialmente a internet, está muito facilitado e com múltiplas possibilidades de conteúdos.

Os tempos atuais exigem, por um lado, uma formação mais integral, baseada na experiência, que capacite o sacerdote a se comunicar com as pessoas em linguagem vivencial; e, por outro, um processo um pouco mais ágil, uma vez que as áreas pastorais se multiplicam rapidamente, sobretudo nos amontoados urbanos. Outrossim, comunidades clericais seriam modelos mais apropriados para livrar os padres de um isolamento prejudicial a sua formação permanente. Mas a maioria deles se recusa a aderir a esse formato, por receio de restringir sua individualidade.

Segue-se o mesmo padrão intelectivo para a formação dos leigos. Os maiores esforços nesse sentido estão em torno da criação de "escolas da fé" ou "cursos de teologia para leigos". O *Documento 100*, após constatar que "há muita informação, mas falta formar discípulos missionários", dá "uma boa sugestão": a criação da Escola Diocesana de Formação de Catequistas, que seria "um espaço sistemático, orgânico e permanente de formação teológica, litúrgica, bíblica, metodológica e psicológica para catequistas" (n. 305). A despeito das dificuldades práticas de se atingir todas essas dimensões – assunto que me abstenho de tocar – minha crítica incide sobre a manutenção paradigmática presente no texto: quando se quer melhorar a formação, pensa-se primeiramente *em uma escola* (modelo intelectivo) e não, por exemplo, em lugares de experiência de encontro com Jesus.

Insiste-se, por outro lado, em um sistema catequético que pressupõe a parceria da família. Faz tempo que a família não é mais parceira da Igreja católica, inclusive porque não tem homogeneidade ideológica. Quanto esforço desprendido na "catequese" ou na "preparação para os sacramentos" de pessoas não evangelizadas, que nunca fizeram a experiência de Deus! Posto que a grande maioria das pessoas que procura os sacramentos o faz apenas por tradição, seria necessário aproveitar essa demanda para promover o querigma. Isso alteraria o perfil dos agentes dedicados à catequese, tornando-se mais importante que sejam homens e mulheres que tiveram encontro pessoal com Jesus do que amplos conhecedores da doutrina.

É imperativa a mudança desse paradigma. Não é só questão de inserir uma disciplina de espiritualidade ou de comunicação na grade curricular, pois isso seria uma mudança apenas conjuntural, permanecendo o arcabouço acadêmico-intelectivo. O que se exige é que os agentes sejam tratados, em seu processo formativo, de forma abrangente, considerando não só suas necessidades intelectuais, mas também espirituais, afetivas e relacionais, entre outras tão importantes para que aprendam a fazer uma nova pastoral.

c) Paradigma cronológico
Binômio cíclico/progressivo

Em uma instituição, o modo como as atividades são programadas depende, em larga medida, de como os agentes enxergam o tempo. Existe um modo cíclico de pensar, ou seja, em que a pessoa ou a entidade se programa levando em conta, principalmente, as datas que se repetem todos os anos. Mas existe também um jeito progressivo de organizar as ações, considerando antes os projetos de curto, médio e longo prazo, sempre medindo os avanços e crescimentos. Mormente, a Igreja católica ainda se situa no primeiro caso.

Vou dar dois exemplos que esclarecem a respeito do que estou falando: o ano litúrgico e a confecção dos calendários. As paróquias vivem em torno do ano litúrgico, requisitando das pessoas que elas se incluam nas atividades do tempo que está sendo celebrado (advento, quaresma, páscoa, festa do padroeiro etc.). Terminado um tempo, inicia-se outro, dificultando as perspectivas. Os planejamentos são feitos para acompanhar essas celebrações.

Mal se termina de planejar Advento e Natal, já se faz necessário pensar como será a celebração da Quaresma e da Páscoa. O mês mariano (maio) vem logo em seguida e, depois, o período de festas juninas e de férias escolares que exigem, normalmente, atividades pontuais. Passado o primeiro semestre do ano, estamos no período mais longo do Tempo Comum, que seria uma época mais "aberta" para planejamento prospectivo. Então elegem-se meses temáticos (vocações, bíblia, missões). A meu ver, o estabelecimento desses meses temáticos é um sintoma da carência de projetos lineares.

Esse paradigma cíclico está em consonância com a sociedade rural estática, que vivia em torno das estações e dos períodos de plantação e colheita. Desde os tempos do Iluminismo, o mundo caminha progressivamente. As pessoas requisitam um olhar para frente, considerando conquistas e perspectivas. Enquanto isso, os padres ficam explicando o ano litúrgico! Sem falar que, hoje em dia, o cotidiano das pessoas não favorece mais que elas se insiram (pelo menos, não como antes) nos tempos sagrados. A ciclicidade tem seus méritos (fazer memória do mistério), mas não responde às demandas de hoje.

A confecção dos calendários é algo ainda mais problemática. Propõe-se um calendário de cima para baixo, ou seja, em que as atividades dos grupos de base sejam agendadas somente após o estabelecimento das datas diocesanas, paroquiais e dos movimentos institucionalizados. E ainda se exige que não haja choques de datas! Como não haver? Na prática, a demora na feitura dos calendários das instâncias superiores atrasa os planejamentos das outras instâncias. Em alguns lugares, nem datas sobram para serem utilizadas pelos grupos de base. Como privilegiar ações evangelizadoras se os grupos principais responsáveis por elas só podem programar suas atividades ulteriormente e levando em conta os inúmeros compromissos que são obrigados a cumprir junto às instâncias superiores?

O princípio que está por trás desse modelo é piramidal, ou seja, considera que as atividades dos organismos superiores são mais importantes do que os trabalhos da base. Julga-se isso baseado em que critério? Se o critério principal for a evangelização, provavelmente chegaremos à conclusão de que as atividades da base são mais importantes (porque atingem maiormente as pessoas) e que é preciso reduzir a quantidade de atividades centralizadas. Grosso modo, os eventos diocesanos não evangelizam, apenas reúnem pessoas já engajadas na Igreja.

Esse é outro paradigma que precisa mudar, tornando a ação pastoral menos cíclica, mais prospectiva. Isso implicaria a redução de eventos centrais, visando privilegiar aqueles que redundam em contato direto com a população alvo da evangelização. Igualmente, seria necessário que os calendários fossem elaborados de baixo para cima ou, pelo menos, considerando um equilíbrio entre esses dois polos.

d) Paradigma funcional
Binômio instituição/carisma

O princípio de funcionamento da Igreja católica continua mais baseado nas investiduras institucionais do que nos carismas pessoais. Só dois exemplos também: a pregação e o governo. Quem prega na missa? O padre. Por quê? Porque é sacerdote e não porque tem carisma para pregar. A despeito do sentido litúrgico que isso tem, do ponto de vista sociológico, o modelo é inadequado e ajuda a explicar o porquê da baixa qualidade das homilias, a que os fiéis "dão muita importância; e, muitas vezes, tanto eles como os próprios ministros ordenados sofrem: uns a ouvir e os outros a pregar" (FRANCISCO, 2013, n. 135).

Obviamente, a simples substituição por leigos não resolve. A mudança não seria de padre para leigo e sim de quem não tem carisma para quem tem carisma, independentemente da função que exerce. Afinal, o sacerdócio comum dos batizados, a exemplo do ministerial, não participa igualmente do único sacerdócio de Cristo?[10] Uma inversão paradigmática desse naipe facilitaria a comunicação com a multidão de pessoas que frequentam as missas dominicais, mas que não são influenciadas pela Igreja, em grande medida por causa da inaptidão oratória dos seus ministros (SOUSA, 2013a).

O mesmo se diga do governo paroquial, assim como de outras instâncias (chancelaria, coordenação pastoral, meios de comunicação, tribunal eclesiástico etc.). Muitos padres também não estão aptos para dirigir esses organismos, por causa da ausência do carisma da liderança ou da desqualificação técnica. O modo como pretendemos funcionar causa a impressão de que acreditamos que a ordenação, por si mesma, capacita a pessoa para aquilo que se exige ou se espera que ela exerça. Para alterar esse paradigma, adequando-se à sociedade atual, seria necessário inserir o laicato nessas funções, ainda que considerados os limites de suas competências e alguns princípios teológicos e canônicos fundamentais.

e) Paradigma missionário
Binômio ad intra/ad extra

Na Igreja católica, há muito tempo se fala de evangelização e ação missionária, pleiteando-se que essa mesma ação transcenda os muros institucionais e atinja as pessoas afastadas. Entretanto, a dificuldade de que o discurso passe à prática é muito grande. A primeira razão parece ser a de

---
[10] Cf. CONCÍLIO ECUMÊNICO VATICANO II. *Lumen gentium*: constituição dogmática sobre a Igreja. 9 ed. São Paulo: Paulinas, 1990, n. 12.

que a paróquia não tem *vocação* evangelizadora. Com efeito, a origem e consolidação da paróquia como principal unidade comunitária católica alinham-se à igualmente origem e consolidação da cristandade. Isso significa que seu "princípio organizacional" é congregar cristãos e não evangelizar pessoas; tal princípio reflete-se concretamente em seu modo de organizar as ações missionárias.

É como se fosse um "DNA evangelizador" que a paróquia não tem. Para entender melhor, podemos comparar com uma congregação religiosa que nasce em função de um determinado tipo de atividade e que a desempenha com maestria. Isso acontece porque ela já nasceu *para* essa referida atividade, fazendo parte de seu carisma fundante. É por isso que uma congregação religiosa, quando entra em decadência, normalmente busca recuperar-se "voltando às origens". Mas, e a paróquia? A que origem deve voltar, se sua gênese nada tem a ver com evangelização e sim com sacramentalização?

Nas paróquias atuais, a maioria dos agentes está engajada em trabalhos *ad intra* e, na prática, a instituição requisita cada vez mais que seja assim. Não raras vezes, aqueles que estão "na ponta" são considerados fora da comunhão eclesial. A paróquia realiza tantos encontros, reuniões, eventos e ações litúrgicas que torna muito reduzido o tempo e os recursos para as atividades *ad extra*. Os agentes são cobrados para que participem e ajudem a organizar essas ações. Em síntese: na teoria, dizemos "ide"; na prática, "vinde".

Qualquer leigo que somar o tempo que dedica aos trabalhos pastorais e tiver a preocupação de especificar onde estava durante esse tempo, muito provavelmente descobrirá que, na maior parte dele, estava nos trabalhos *ad intra*. Isso cria na pessoa a impressão de que ela está evangelizando, posto que trabalha muito. Entretanto, seu trabalho pouco se reflete na ação verdadeiramente missionária, aquela que chega às pessoas afastadas.

Não é possível converter a pastoral se não inverter esse paradigma, alterando a estrutura e, inclusive, quebrando alguns costumes e tradições. Nessa matéria, uma mudança paradigmática implicaria uma nova postura, que valorizaria e apoiaria (inclusive financeiramente) as pessoas e grupos que atuam diretamente junto aos afastados, considerando-os igualmente importantes aos serviços internos ligados à liturgia e aos sacramentos. Afinal, "a reforma das estruturas, que a conversão pastoral exige, só se pode entender neste sentido: fazer com que todas elas se tornem mais missionárias, (...) que coloque os agentes pastorais em atitude constante de 'saída' e, assim, favoreça a resposta positiva de todos aqueles a quem Jesus oferece a sua amizade" (FRANCISCO, 2013, n. 27).

3. O Documento 100

O papa Francisco, com a linguagem que o caracteriza, escreveu na *Evangelli Gaudium* (n. 27 – grifos meus): "*Sonho com uma opção missionária capaz de transformar tudo, para que os costumes, os estilos, os horários, a linguagem e toda a estrutura eclesial* se tornem um canal proporcionado mais à evangelização do mundo atual que à autopreservação". Isso parece ser apenas um sonho mesmo! Porque quando leio ou escuto algumas orientações institucionais, fico com a impressão de que a dificuldade de conceber novos modelos é quase insuperável. Um exemplo recente é o *Documento 100*, da Conferência Nacional dos Bispos do Brasil.[11] Conforme já adverti, o *Estudo 104* levantou brilhantemente a realidade pastoral da Igreja no Brasil. Apesar disso, pleiteou que tudo seja integrado na paróquia, mesmo admitindo que essa centenária unidade eclesial se encontra incapaz de responder às demandas atuais. O texto foi posto para ampla discussão, visando que o *Documento* (no caso, o 100) se apresentasse de forma a traduzir mais exatamente a situação, apontando caminhos eficazes e aplicáveis.

Ao ler o *Documento 100*, comparando-o com o Estudo 104, a impressão que me causou foi que se optou por minimizar a realidade e não por enfrentá-la, o que muito provavelmente suscitaria a necessidade de encontrar caminhos mais contundentes de renovação e abrir mão de manter a direção de integrar tudo na paróquia. Os números 231 e 237 são os que melhor refletem essa opção dos bispos:[12]

> A Igreja do Brasil conhece uma multiplicidade de novas experiências que enriquecem a eclesialidade. Em muitas paróquias, conta-se com a presença de movimentos de leigos que se envolvem na pastoral paroquial. Eles reúnem casais, jovens e outras pessoas para lhes dar formação e propor um caminho para seguir Jesus. Muitos são engajados em comunidades e há outros que fazem um caminho mais autônomo. *Integrá-los* é uma missão para tornar a paróquia mais rica em serviços, ministérios e testemunho (n. 231).

---

[11] Cf. Op. cit. Minhas considerações seguintes não pretendem ser uma análise ampla do *Documento 100*, mas apenas ressaltar seu problema de fundo, a saber: corroborar o modelo estabelecido baseado na paróquia, pleiteando que todas as ações evangelizadoras sejam nela integradas.

[12] Os grifos são meus.

Verifica-se a existência de comunidades cristãs ambientais ou transterritoriais formadas por grupos de moradores de rua, universitários, empresários ou artistas, por exemplo. Os hospitais também constituem uma verdadeira comunidade no serviço à vida. Os enfermos, os profissionais de saúde, os funcionários e a administração de centros hospitalares exigem uma atenção da Igreja que ultrapassa as ações de visita aos doentes ou às capelanias. É preciso pensar e planejar a ação evangelizadora nesses ambientes, *integrando-os* à paróquia (n. 237).

Ou seja, havia no *Estudo 104* uma contradição: a apreensão da realidade caótica da paróquia, por um lado, e a proposta de inserir todos os segmentos pastorais nela, por outro. No *Documento 100*, em vez de se abrir mão dessa pretensa integração, preferiu-se corroborá-la, caindo no mesmo contrassenso de fundo.

O *Documento 100* não cessa de denunciar a obsolescência da paróquia, como, por exemplo, nos seguintes pontos:

a) "As paróquias urbanas *não conseguem* atender a população que nelas existe. Os presbíteros, diáconos e leigos *esgotam suas energias* com uma pastoral de manutenção, *sem condições* de criar novas iniciativas de evangelização e missão" (n. 17 – grifos meus);

b) "A burocracia e os horários das secretarias paroquiais estão mais ligados a uma concepção estática de paróquia e não mais correspondem ao estilo de vida comunitária que as pessoas estabelecem em sua fé" (n. 41);

c) "Há muita energia desperdiçada em manter estruturas que não respondem mais às inquietações atuais" (n. 45);

d) "As paróquias precisam rever as suas atividades" (n. 49);

e) "Há (...) uma sobrecarga de múltiplas tarefas assumidas, especialmente pelos párocos" (n. 199);

f) "Na evangelização e na pastoral, persistem linguagens poucos significativas para a cultura atual" (n. 313);

g) "As reuniões de pastoral carecem de uma linguagem menos prolixa" (n. 314).

Entretanto, os bispos insistem que a paróquia não é uma estrutura caduca (cf. n. 2). Ora, tem alguma coisa errada nessa lógica. Se tudo o que foi dito anteriormente está acontecendo, a caducidade é latente. Além disso, uma instituição nessas condições não conseguiria – a não ser por milagre – ser o centro de uma rede composta de unidades tão heterogêneas e complexas como são as comunidades cristãs de hoje, comunidades estas que se situam em um contexto social bem diferente daquele que permitiu à paróquia ser a principal (às vezes única) localização (ou concretização) da Igreja.

Ainda no *Documento 100*, algumas contradições se explicitam com mais clareza. Como uma instituição onde "há dificuldades para que seus membros *se sintam participantes* de uma autêntica comunidade cristã" (cf. n. 1) pode ser *o* ambiente onde "*o sentimento de pertença* e a integração de todos" é mais garantido "do que em outras formas de viver do cristianismo" (cf. n. 42 – grifos meus)? Se, na paróquia, "há muitos batizados e agentes de pastoral que *não fizeram um encontro pessoal com Jesus* Cristo" (cf. n. 52 – grifo meu) e, por outro lado, "os sujeitos e *as tarefas da conversão pastoral dependem de um encontro pessoal* com Jesus Cristo" (cf. n. 192), como a paróquia estará em condições de, *por intermédio de suas atividades*, incentivar e formar "os seus membros para serem *agentes de evangelização*" (cf. n. 146 – grifo meu)?

Não é difícil reconhecer que, apesar de alguns esforços pontuais, "o apelo à revisão e renovação das paróquias ainda não deu suficiente fruto" (cf. n. 50 e 147). Entretanto, o *Documento 100* afirma que "a paróquia tem abertura para acolher a pluralidade das formas de seguir Jesus Cristo" (cf. n. 42). Tem mesmo? Incluindo as associações de fiéis que "se organizam em torno de carismas específicos" (cf. n. 232) nos lugares onde os "planos pastorais são muito fechados para acolher os movimentos" (n. 233)? Incluindo, outrossim, as comunidades ambientais e transterritoriais?

Trairia minha consciência se não dissesse que a estrutura paroquial está longe de reunir as condições para abrigar as múltiplas realidades comunitárias eclesiais de hoje e que, nas circunstâncias atuais, não é possível integrar à paróquia a ação evangelizadora desenvolvida em ambientes como hospitais, escolas, universidades, obras sociais, meios de comunicação, entre outros, como se pleiteia nos números 237-239 do *Documento 100*. Haveria uma chance, apenas se houvesse mudanças paradigmáticas na instituição que pretende ser o centro da rede.

A lógica é simples: se a paróquia não é missionária, então não superou ainda sua senilidade, uma vez que, conforme o próprio *Documento 100,* "o que derruba as estruturas caducas (...) é justamente a missionariedade" (cf. n. 50). As soluções apontadas deveriam seguir esse princípio. No mínimo - conforme já adverti – devemos, antes de qualquer iniciativa, admitir que, na prática, não sabemos como fazer essa conversão pastoral. Mas jamais envernizar uma estrutura velha para que ela pareça renovada.

4. Conclusão

O *Estudo 104* e o *Documento 100* revelaram uma enorme capacidade dos bispos do Brasil e de suas assessorias de constatar a realidade. Todavia, quando se espera que eles proponham mudanças paradigmáticas, a expectativa fica frustrada. Apesar de reconhecer que toda conversão supõe o abandono de um caminho e a escolha de outro, e que a complexidade da realidade atual requer meios de evangelização e recursos que não se limitam à paróquia (CNBB, 2014, n. 51 e 241), o *Documento 100* não é "uma reflexão que avançou e cresceu" (Ibid., n. 4), quando comparado com o *Estudo 104*, pois aquele não abandona a incongruência de fundo deste.

A meu ver, não restam dúvidas que "integrar" não é a solução. Até pelo fato de que uma imprecisão conceitual nessa matéria – conforme também já adverti – servirá para respaldar autoritarismos e tentativas de controle ilegítimo. A conversão pastoral parece-me consistir, antes, em uma mudança paradigmática. Depois que isso ocorrer, então, quem sabe, será possível integrar outras expressões no contexto paroquial. Promover isso sem aquilo é como colocar remendo novo em pano velho.

III
COMUNHÃO ECLESIAL: A AUTONOMIA COMO ELEMENTO CONSTITUTIVO

1. Introdução

É consenso que a comunhão é um fundamento eclesial (cf. Jo 17,23). Ela é o testemunho da unicidade da Igreja em sua "alma".[13] Como realidade própria da vida cristã, a comunhão é um bem a ser perseguido: "Sede solícitos em conservar a unidade no vínculo da paz. Há um só Senhor, uma só fé, um só batismo. Há um só Deus e Pai de todos, que atua acima de todos, por todos e em todos" (Ef 4,3.5-6).

Porém, para se chegar à comunhão – de fato e nas circunstâncias atuais – penso ser importante reconsiderar seu conceito, incluindo nele o direito à autonomia. Em outras palavras, a autonomia deve ser vista como um elemento constitutivo da comunhão eclesial e não como uma carência dela.

Por "autonomia" entendo aquela legítima liberdade que permite às pessoas e aos grupos a possibilidade de tomar iniciativas, desbravar caminhos, podendo escolher e discernir, sem pressão ou cobranças sufocantes, por qual via realizar a vocação batismal e participar da missão da Igreja que "existe para evangelizar" (PAULO VI, 1986, n. 14). A autonomia permite que se crie a

---
[13] Cf. CATECISMO da Igreja Católica, n. 813.815.

"matéria-prima" da unidade, uma vez que só é possível "fazer" comunhão a partir do momento em que existe uma diversidade de sujeitos e ministérios caracteristicamente eclesiais, agindo em conformidade com seus carismas próprios. Entender a autonomia como elemento constitutivo da comunhão ajuda a eliminar a concepção hierárquico-institucional da unidade, remetendo-a para um conceito carismático-ministerial. Assim, a comunhão basear-se-ia em uma mentalidade de serviço e caridade e não em uma estrutura de mando. Preservar-se-ia a obediência às autoridades naquilo que for essencial, porém deixando as iniciativas e as decisões práticas a cargo de cada grupo envolvido na evangelização.

Vou tentar respaldar e esclarecer minha opinião analisando os contornos do ministério de São Paulo, no modo como se apresenta na literatura bíblica. A forma como se desenvolveu o apostolado paulino foi autônoma desde as origens, permanecendo autônoma em seu decorrer. A meu ver, Paulo nos legou uma concepção ampla a respeito da unidade, estabelecendo a autonomia como seu elemento constitutivo.

2. "Nada me impuseram": o modelo evangelizador de São Paulo

Paulo foi chamado a ser apóstolo (cf. Rm 1,1; 1Cor 1,1), e apóstolo que em nada ficava devendo ao grupo dos Doze (cf. 2Cor 11, 21b-22). Em certo sentido, foi "mais apóstolo" (cf. 2Cor 11,23) que outros, equiparado ao próprio Pedro, a quem se achou no direito de exortar (cf. Gl 2,11-14) e dividir as áreas de atuação: Pedro iria aos judeus e Paulo aos pagãos (cf. Gl 2,7-9).

A investidura apostólica de Paulo foi de cunho carismático. Em outras palavras, ele foi chamado ao apostolado *por revelação particular* situada fora dos quarenta dias entre a Ressurreição e a Ascensão (cf. At 11,1-3).[14] Nos Atos, a tríplice repetição de sua conversão (cf. 22,4-21; 26,9-18) "é, para Lucas, um modo de sublinhar a importância de um acontecimento que, por se situar fora dos quarenta dias, não deixa de ser uma intervenção capital de Jesus ressuscitado".[15] Ou seja, Paulo era apóstolo sem nada dever aos outros, mas com vocação distinta dos outros. Era, portanto, detentor de um tipo de apostolado que, embora não se confundisse com a qualificação dos Doze, apresentava-se com a mesma dignidade.

Constituído apóstolo por uma revelação particular (cf. Gl 1,11-12; At 9,3-6)[16] e recebendo a imposição das mãos de um discípulo comum[17] da Igreja de Damasco,[18] Paulo logo começou a pregar (cf. At 9,10-20). A pregação que era, por assim dizer, prerrogativa dos apóstolos (cf. Mc 15,14-15),[19] foi exercida por Paulo sem receios, reservas e comunicações formais (cf. Gl 1,15-16). Só três anos depois, ele foi ao encontro de Pedro, ficando quinze dias com ele (cf. Gl 1,18). Antes, já havia evangelizado na Arábia.[20]

---

[14] "Esses quarenta dias podem ser compreendidos como uma duração-tipo de iniciação ao ensinamento do Ressuscitado ou como o tempo-limite para lançar distintamente as bases da autoridade das primeiríssimas testemunhas" (BÍBLIA Tradução Ecumênica, p. 2102).
[15] BÍBLIA Tradução Ecumênica, p. 2118.
[16] Cf. Ef 3,3; BÍBLIA Tradução Ecumênica, p. 2269.
[17] Ananias era discípulo para além do cristianismo palestinense.
[18] Ignora-se tudo sobre a fundação da Igreja de Damasco (cf. BÍBLIA Tradução Ecumênica, p. 2119).
[19] A pregação e o governo eram os dois pilares fundamentais do ministério apostólico. Cf. BLANCO, Severiano. Comunidade: fundamento bíblico, In. CASAS, Juan Canals; RODRIGUEZ, Angel Aparecido (orgs). *Dicionário teológico da vida consagrada*. São Paulo: Paulus, 1994, p. 186.
[20] Cf. Gl 1,17. At 9,15.19-20 sugere que Paulo partiu para a Arábia para começar a cumprir sua missão entre os pagãos (cf. BÍBLIA Tradução Ecumênica, p. 2254).

Foi o próprio Jesus que confiou a Paulo uma missão que, "embora não esteja no mesmo plano dos Apóstolos, não deixa de ser de importância capital e fará dele um fundador e um dirigente de Igrejas".[21] Talvez, por isso, ele não tenha escrúpulo em considerar-se apóstolo, a despeito da provável desconfiança de muitos: "Não sou apóstolo? Acaso não vi Jesus nosso Senhor? Não sois vós a minha obra no Senhor? Se para os outros eu não sou apóstolo, para vós, ao menos eu o sou; pois o selo de meu apostolado no Senhor sois vós" (1Cor 9,1-2).[22]

Conquanto, nos tempos de Paulo, a estrutura hierárquica da Igreja não estivesse plenamente organizada, a Sagrada Escritura deixa claro que, já nos primórdios do cristianismo, a autoridade do grupo apostólico de Jerusalém se fazia sentir. Ele tinha o primado do ensinamento (cf. At 2,42), realizava sinais prodigiosos (cf. At 2,43), recebia e administrava os donativos dos membros da comunidade (cf. At 4,32), instituía ministérios (cf. At 6,1-5) – com aceitação comum – e resolvia questões controversas essenciais, mesmo relativas a outras comunidades (cf. At 15,1-21). Os Doze detinham o controle da Igreja, sendo de se esperar, portanto, que a investidura apostólica fosse direito deles, sob a autoridade de Pedro, como aconteceu com a inclusão de Matias (cf. At 1,15-26).

A vocação de Paulo, fora desse ambiente apostólico-institucional e quase concomitante à atuação de Pedro na casa de Cornélio (cf. At 10,9-48), demonstra ser possível (e até necessária) a manifestação do Espírito Santo transcen-

---

[21] BÍBLIA Tradução Ecumênica, p. 2099.
[22] Cf. também 2Cor 11,23; Gl 2,8.

dendo a dimensão hierárquica da Igreja *sem provocar a saída da comunhão com ela*. Reconhecendo isso, os Doze nada impuseram a Paulo, permitindo que seu ministério se desenvolvesse naturalmente. É o próprio apóstolo dos gentios que testemunha: "Quanto aos que eram de autoridade – o que antes tenham sido não me importa, pois Deus não se deixa levar por consideração de pessoas – estas autoridades, digo, nada me impuseram" (Gl 2,6). Paulo, por sua vez, teve a preocupação de participar sua missão "aos que eram de maior consideração, a fim de não correr ou de não ter corrido em vão" (Gl 2,2b). As "colunas" da Igreja – Tiago, Pedro e João – reconheceram a graça do ministério paulino (cf. Gl 2,9) e imprimiram um "sinal de comunhão" na missão de Paulo e Barnabé, recomendando apenas que estes se lembrassem dos pobres (cf. Gl 2,10).

No capítulo dois da Epístola aos Gálatas, todo ele esclarecedor quanto à relação comunhão/autonomia, Paulo demonstra ter adotado uma atitude que reflete sua dupla preocupação:

> "A preocupação com a unidade o leva a garantir para si o acordo com eles (os apóstolos de Jerusalém). A preocupação com a liberdade cristã o faz dizer que não procura este acordo por motivo do aspecto humano da sua autoridade ou da consideração que os cerca".[23]

Santamente obcecado pela missão, Paulo trabalhou autonomamente; em certo sentido, mais que outros (cf. Cor 15,10). Seguia, entretanto, em sintonia com os Doze, trans-

---
[23] BÍBLIA Tradução Ecumênica, p. 2254.

mitindo nas cidades em que passava "as decisões que os apóstolos e os anciãos de Jerusalém tinham tomado, e pediam que se conformassem a elas" (At 16,4). Em consequência, "as Igrejas fortaleciam-se na fé e cresciam em número de dia para dia" (At 16,5).

A Sagrada Escritura também deixa evidente o caráter autônomo da maioria das comunidades primitivas, especialmente no tocante ao anúncio do Evangelho. Por exemplo, Paulo e Barnabé foram enviados aos pagãos pela Igreja de Antioquia e não de Jerusalém. A Igreja de Antioquia, por sua vez, havia se formado por iniciativa de alguns discípulos originários de Chipre e Cirene, que se dirigiram também aos gregos (cf. At 11,20). Pedro chegou a fazer uma "visita pastoral" àquela Igreja (cf. Gl 2,11), mas não se percebe nenhuma interferência nos rumos e nas decisões daquela comunidade organizada, como, aliás, em qualquer outra, a não ser em questões essenciais necessárias à manutenção da unidade da fé, do ensino e da disciplina (cf. At 15,2).

Outra coisa a se perceber é que o envio de Paulo e Barnabé ocorreu em consequência de uma manifestação profética: homens dotados pelo Espírito Santo do carisma da profecia, em postura de oração, foram instrumentos desse envio. Eles mesmos impuseram as mãos sobre Paulo e Barnabé e despediram-nos para o que seria a primeira grande viagem missionária dos dois (cf. At 13,1-3). Dirigida pela profecia, a Igreja de Antioquia protagonizou o desbravamento de horizontes missionários a partir das vocações que surgiram na própria comunidade. Por isso mesmo, foi a essa Igreja que Paulo e Barnabé, em primeiro lugar, prestaram contas de seu trabalho (cf. At 14,27-28).

Aliás, a ligação de Paulo com a Igreja de Antioquia era muito grande, constituindo-se um de seus mestres (cf. At 13,1; 15,35). De lá partiu também para a segunda viagem missionária (cf. At 15,36), embora com certa consciência de que Jerusalém era seu ponto de partida místico (cf. Rm 15,19). Essa viagem foi particularmente frutífera, porque colocou, pela primeira vez, os missionários cristãos em contato com as autoridades romanas (cf. At 16,16-40; 18,12-17) e com a cultura grega clássica (cf. At 17,16-34).

O ministério de Paulo continuou sendo orientado pelo próprio Deus (cf. At 16,9-10; 18,9-10; 23,11) por meio de visões,[24] ou seja, de revelações particulares. Muito frequente nos *Atos*, o termo "visão" nunca é usado para designar as aparições de Jesus aos Doze.[25] Isso significa que o ministério evangelizador de Paulo e dos outros discípulos espalhados dependia muito mais das moções proféticas carismáticas do que de orientações oficiais (cf. Gl 2,2a). Essa dependência fez com que Paulo se tornasse "prisioneiro do Espírito" (cf. At 20,22). Foi o Espírito que alertou e preparou o coração do apóstolo para os sofrimentos que haveria de passar em Jerusalém (cf. At 20,23).

Paulo preservou sua autonomia até em relação às pessoas a quem ele anunciava o Evangelho e de quem deveria receber sustento e proteção material: trabalhava como fabricante de tendas e procurava prover com as próprias mãos as necessidades suas e de seus companheiros (cf. At 18,3; 20,33-34). A literatura bíblica apresenta o apóstolo como um homem resguardado de apegos e dependências, emancipado de limites territoriais e permissões

---

[24] Cf. BÍBLIA Tradução Ecumênica, p. 2141.
[25] Cf. Ibid., p. 2121.

desnecessárias: "Depois desses acontecimentos, *Paulo tomou a decisão, no Espírito*, de ir a Jerusalém, passando pela Macedônia e a Acaia. Ele declarava: "quando eu tiver estado lá, ser-me-á preciso ainda ir a Roma"' (At 19,21 – grifo meu).

É claro que as condições de um cristianismo em seus primórdios – sem organização territorial definida – favoreciam essa mobilidade. Mas se é preciso "redescobrir o segredo que permitiu à primeira geração cristã, dócil ao Espírito, realizar a mais bem-sucedida ação missionária de todos os tempos" (CNBB, 2000, p. 9), não há como deixar de ver – sob a lente do ministério paulino – a autonomia como um elemento fundamental desse "segredo".

O mundo de hoje solicita uma experiência *paulina* de evangelização, com largo e despreconceituoso uso dos carismas pessoais e, sobretudo, com o máximo de autonomia possível às comunidades cristãs "em tudo o que elas possam fazer sem recurso a níveis superiores a não ser quando necessário" (CNBB, 1998, n. 303). Nesse particular, uma distinção conceitual necessária é entre "comunidades simples" e "comunidades complexas", o que veremos a seguir.

3. Comunidades simples e comunidades complexas

Por "*comunidade complexa*" devemos entender uma comunidade relativamente numerosa, com uma estrutura de governo bem definida, campo apostólico próprio e em condições de oferecer às pessoas membros os elementos que caracterizariam uma pertença comunitária cristã, tais como: experiência religiosa fundante, iniciação, catequese, engajamento missionário e vida sacramental, ainda que não administre os sacramentos diretamente. Diversas comunidades de hoje em dia reúnem esses elementos, não sendo necessário para isso que dependam de uma paróquia.

Por sua própria natureza e dimensões, as *comunidades complexas* precisam de mais autonomia. É melhor para a própria comunhão que elas não sejam tratadas como "uma das pastorais". Não se trata de dispensar ninguém da obrigação de estar em comunhão. No entanto, é preciso começar a considerar a possibilidade de outros referenciais comunitários autônomos, em comunhão e diálogo, mas não submissos às paróquias. Essas unidades já existem, porém, na maioria das vezes taxadas de "paralelas".

As comunidades complexas podem conviver harmonicamente entre si e com as estruturas tradicionais, inclusive em uma mesma área territorial, partilhando o mesmo espírito evangélico e missionário, desde que lhes seja dado o direito de agir autonomamente e de ser dirigidas por seus próprios líderes. O governo de uma comunidade complexa é gerado dentro dela própria e interage com outras instâncias, preservando-se de ingerências diretas, ainda que da parte de ministros ordenados. Uma interferência no governo e no apostolado de uma comunidade complexa só se justificaria por motivos graves, como, por exemplo, um erro de ortodoxia ou um escândalo.

As "*comunidades simples*", por sua vez, seriam grupos que oferecem apenas parcialmente os elementos de uma pertença comunitária cristã. Essas comunidades têm uma estrutura de governo simples, sem condições de gerir totalmente sua ação, pois dependem de uma instância superior. Na maioria das vezes, convém que uma *comunidade simples* esteja inserida em uma paróquia ou mesmo em uma comunidade complexa, tendo-a como referencial de governo. Aqui se aplicam os princípios de subsidiariedade, com especial ênfase à participação responsável (CNBB, 1998, n. 303).

Comunidades simples podem vir a se transformar em comunidades complexas, na medida em que atingirem crescimento, maturidade e autonomia de governo. Os pastores deveriam estar abertos para permitir e até promover essa passagem sem rupturas traumáticas na estrutura de comunhão. Assim como deveriam estar suficientemente preparados para lidar com os variados matizes da comunhão eclesial nos dias de hoje. É necessário compreender essa variedade, para que, por exemplo, não se exija de uma *unidade complexa*, sob pretexto de "fazer" comunhão, o panorama apresentado por uma *comunidade simples*.

De maneira geral, a sede paroquial deveria dialogar com as comunidades complexas, tendo por base a natureza própria dessas comunidades, sem querer incluí-las em sua estrutura tradicional. Mesmo em relação às comunidades simples, a paróquia poderia gerar uma organização mais aberta, sem pretender centralizar a ação evangelizadora. A sede paroquial teria a função de congregar a "rede", eximindo-se de, por exemplo, eliminar a possibilidade de iniciativas evangelizadoras das comunidades. E não há como fazer isso sem lhes dar autonomia.

4. Conclusão

É notório que, hoje em dia, o apostolado missionário de algumas comunidades acontece independentemente das paróquias. O que se deve fazer? Ignorar que isso está acontecendo? Forçar sua inserção em um modelo em que elas não se adaptam? Indubitavelmente, o melhor seria abrir-se às novas realidades, visando tornar a Igreja mais adaptada às circunstâncias atuais. Muitas pessoas imaginam a comunhão como "algo em redor", sem considerar as exigências de uma pastoral mais dinâmica e eficiente. Esse é um dos motivos pelo qual nos encontramos com nossa capacidade missionária reduzida.

A autonomia é fundamental. A disciplina organiza, mas é a autonomia que faz avançar. E é precisamente disso – avançar – que a Igreja tem mais necessidade no terceiro milênio. Não ignoro os riscos dessa postura. Mas eles são preferíveis ao óbvio do centralismo. Os receios – ainda que compreensíveis – devem dar lugar a um único medo: o de não ter atendido ao apelo do Espírito Santo. O papa Francisco (2013, n. 49) já alertou a Igreja quanto a isso, com palavras que nos autorizam a arriscar e com as quais concluo esta parte: "Prefiro uma Igreja acidentada, ferida e enlameada por ter saído pelas estradas, a uma Igreja enferma pelo fechamento e a comodidade de se agarrar às próprias seguranças".

IV
PROTAGONISMO LAICAL EM TEMPOS DE NOVA EVANGELIZAÇÃO

1. Introdução

O protagonismo dos leigos é um tema em pauta na Igreja católica há, pelo menos, cinquenta anos. Nesse tempo, alguns documentos eclesiais foram especialmente destinados a tratar da vocação e da missão do laicato.[26] Aconteceram também discussões e debates, além do esforço mais ou menos sincero para que, efetivamente, todos os cristãos sejam sujeitos da nova evangelização.

Tudo indica que pelo menos três razões motivaram esse postulado. Em primeiro lugar, devemos considerar que *o próprio Espírito Santo tratou de interpelar* homens e mulheres da Igreja a responder às necessidades do mundo. Não é novidade que Deus intervém na história sempre que surgem novas demandas, especialmente em tempos críticos, caracterizados por mudanças sociais significativas. O Espírito Santo, atento a essas mudanças, inspira novas iniciativas para que a mensagem cristã se atualize.

---

[26] Só para citar alguns: Constituição Dogmática Lumen Gentium e Decreto Apostolicam Actuositatem (Concílio Vaticano II), Exortação Pós-Sinodal Christifideles Laici (João Paulo II) e o recente Estudo 107 da CNBB: "Cristãos leigos e leigas na Igreja e na sociedade".

É inegável que *o Concílio Vaticano II também teve um papel importantíssimo* nesse processo de abertura institucional ao laicato. A vanguarda promovida ou legitimada pelos seus documentos principais teve importância fundamental para que os leigos fossem convocados a exercer seu protagonismo na evangelização. Apesar disso, não se deve entender – como algumas abordagens fazem crer – as conclusões do Concílio como sendo o resultado das inspirações dos padres conciliares e sim como o culminar do apelo de cristãos do mundo inteiro – clérigos e leigos – que há muito enxergavam as deficiências da Igreja e a necessidade de transformações em seu modo de agir.

A terceira razão foi a *descristianização da sociedade e a perda da hegemonia institucional do catolicismo*. Com efeito, no novo contexto social, o trabalho dos padres e dos religiosos tornou-se insuficiente para que fosse possível reorganizar as ações da Igreja de modo a evitar novas perdas e promover uma necessária nova evangelização. Não sei se teríamos o mesmo discurso se a sociedade ainda estivesse sob o controle institucional da Igreja católica. De qualquer modo, enxergar a missão sem excluir o laicato está mais de acordo com a dignidade batismal de todos os cristãos.

2. O risco de um discurso sem prática

O crescimento de um discurso não significa necessariamente que seu conteúdo está se estabelecendo. O risco nesse tipo de situação é adotar a falação sem concretude. Isso é muito comum acontecer na Igreja: algo se torna consensual, mas na prática continua tudo como está. Na matéria em questão, é necessário se precaver contra a inserção e valorização apenas dos leigos que são, na verdade, coadjuvantes, e não efetivamente protagonistas.

Protagonizar significa ser sujeito de um processo. O protagonismo laical, portanto, só é concreto quando se permite a autonomia, a liberdade associativa e, sobretudo, quando é garantido aos leigos que exerçam livremente seu dever de evangelizar, aquilo que "constitui um verdadeiro e próprio direito que não deriva de uma espécie de concessão da autoridade, mas que promana do batismo" (JOÃO PAULO II, 1989, n. 29-30).

Se quisermos ir mais longe, diríamos que, nas circunstâncias atuais, um verdadeiro protagonismo dos leigos só é possível alterando o polo de *iniciativa das atividades evangelizadoras: de clerical para laical,* respeitada, obviamente, a devida relação com as autoridades eclesiásticas. Em outras palavras: permitir os empreendimentos laicais, emancipando os protagonistas de ter que recorrer às instâncias superiores, a não ser naquilo que for realmente necessário. Se o polo de iniciativa não for alterado (falo de "iniciativa" e não de ajuda), as ações da Igreja católica correm o sério risco de permanecerem tímidas e bem abaixo da atuação das outras religiões.

Várias ações de evangelização são entravadas porque condicionadas à permissão de uma pessoa, no caso, o padre, que muitas vezes continua requisitando para si o primado e, na prática, não admitindo dividir protagonismo. As iniciativas evangelizadoras laicais deveriam ser, ao contrário, motivadas e, além disso, extrapolar os limites institucionais, atingindo o cotidiano. Assim, os leigos se dedicariam a transformar seu campo secular (família, trabalho, lazer etc.) em campo apostólico, acompanhados nessas atividades e não cobrados quanto à dedicação aos trabalhos *ad intra*. Estamos diante de um grande desafio, que exige novo preparo de clérigos e também dos próprios leigos. É preciso reconhecer que significativa parte do laicato, na maioria dos contextos, é mais clerical do que os padres, encontrando--se despreparada para assumir um verdadeiro protagonismo. Entretanto, é imperativo insistir não só para que os leigos assumam a tarefa evangelizadora, mas postular o protagonismo *de todos* os leigos, incluindo jovens, pobres, analfabetos, crianças, enfim, todas as categorias que em princípio poderiam ser consideradas inaptas para tamanha tarefa.

3. Ide vós também para minha vinha

O papa João Paulo II iniciou a Exortação Apostólica *Christifideles Laici* invocando a parábola do Evangelho chamada de "os operários da vinha" (Mt 20,1-7). O então pontífice interpelou os leigos a assumirem sua vocação eclesial, enfatizando que a chamada do "Dono da Vinha" é também para eles:

> *Ide vós também*. A chamada não diz respeito apenas aos Pastores, aos sacerdotes, aos religiosos e religiosas, mas estende-se aos fiéis leigos: também os fiéis leigos são pessoalmente chamados pelo Senhor, de quem recebem uma missão para a Igreja e para o mundo.[27]

---
[27] Cf. n. 2.

A meu ver, essa chamada deve ser entendida em sentido bastante abrangente. Em alguns contextos, o discurso parece indicar que os leigos aptos para exercer tal protagonismo seriam aqueles de melhor preparo teológico e pastoral, tanto quanto mais aproximados do perfil clerical. Na parábola dos operários da vinha, as várias saídas do pai de família – à sexta, nona e undécima hora – fazem pensar em uma busca por agregar o maior número possível de pessoas. O mesmo deve ser feito hoje em dia, para que tantos mais engrossem as fileiras da evangelização.

Os *jovens*, por exemplo. Historicamente, há uma tendência de excluí-los de entre os protagonistas. Nos tempos do judaísmo, os jovens não tomavam parte nas decisões religiosas importantes, limitando-se a se prepararem para assumir a fase adulta (depois dos 30 anos). Pode-se afirmar que Jesus foi quem iniciou uma mudança nesse sentido, quando escolheu, entre seus amigos mais íntimos, alguém que era muito novo para ter primazia sobre outros discípulos mais experimentados: o apóstolo João.[28]

Mais adiante, nos *Atos dos Apóstolos*, encontramos São Pedro citando o profeta Joel e abrindo uma perspectiva para os jovens: "Acontecerá nos últimos dias – é Deus quem fala – derramarei de meu Espírito sobre todo ser vivo: profetizarão os vossos filhos e vossas filhas. Os *vossos jovens terão visões* e vossos anciãos sonharão" (At 2,17 – grifo meu). O apóstolo recordou a profecia que incluía os jovens entre os destinatários da promessa (cf. At 2,39), na mesma dignidade que os outros. Eles deveriam receber o Espírito Santo com similar

---

[28] João constituiu, com Pedro e Tiago Maior, uma espécie de núcleo, que esteve presente nos momentos de maior importância da vida de Jesus (cf. Mt 17,1-8; 26,36-46; Lc 8,49-56); eles se converteram nas "colunas" do colégio apostólico primitivo (cf. Gl 2,9).

intensidade e não uma "porção" adaptada a suas limitações etárias (cf. At 2,38).

Apesar disso, não se vê no início dos *Atos dos Apóstolos* nenhum indício da participação de jovens no governo da Igreja e na pregação, as duas funções mais importantes entre os ministérios eclesiais naquela época. No mundo palestinense, o mais jovem era o último da hierarquia. O costume foi adotado também na Igreja primitiva (cf. 1Pd 5,5).[29] Parece que havia apenas um encargo destinado para os mais moços: enterrar defuntos (cf. At 5,6.10).

Depois do episódio de Ananias e Safira, os *Atos* só se referem novamente a um jovem por ocasião do martírio do diácono Estêvão (cf. At 7,54-56): é Saulo, que segurava os mantos dos assassinos e concordava com eles. Ora, será precisamente esse jovem, de temperamento forte e personalidade carismática, que, após sua conversão (cf. At 9,1-9), promoverá uma mudança em relação à participação da juventude nas principais funções eclesiais: o governo e a pregação.[30]

Em sua primeira viagem missionária, Paulo levou consigo *o jovem* Marcos (cf. At 12,25), mas ambos estavam, de certo modo, sob o primado de Barnabé. Pelo menos é o que se pode deduzir da narrativa de Lucas, que coloca o nome desse discípulo sempre antes do de Paulo (cf. At 12,25; 13,7). Mais ligado ao grupo dos apóstolos de Jerusalém e, provavelmente, mais velho, Barnabé comandava a missão confiada a ambos (cf. At 13,2).

Mas Paulo foi, aos poucos, assumindo o papel de protagonista principal, na medida em que se antecipava nas ações, revelando mais senso profético do que Barnabé, como

---

[29] Cf. BÍBLIA Tradição Ecumênica, p. 2028.
[30] As observações que se seguem é uma *possibilidade* de leitura e se aplicam estritamente ao enfoque que estou dando.

na querela com o mago Élimas, em presença do procônsul Sérgio Paulo (cf. At 13,8-12). Note-se que em At 13,13, a designação passa a ser: "Paulo e seus companheiros" e em At 13,43, Paulo é listado antes de Barnabé (cf. também At 13,50; 14,1; 15,2.22.35), que ainda estava com ele.

Embora o nome de Barnabé volte a figurar em primeiro lugar ainda por três vezes (At 14,14; 15,12.25), percebe-se que o autor dos *Atos* quis construir uma narrativa tendo Paulo como personagem central. Mesmo considerando que Lucas foi discípulo de São Paulo, essa alteração da ordem é um sinal de que os atributos carismáticos do "apóstolo dos gentios" se sobrepuseram gradativamente a Barnabé, constituindo esse fato um sinal de que não se pode estabelecer, sem considerar outros critérios, um primado absoluto dos mais velhos sobre os mais novos.

Após separar-se de Barnabé, Paulo percorreu a Síria, a Cilícia e Derbe, tendo Silas como seu companheiro (cf. At 15,16-40). Em Listra, conheceu Timóteo (cf. At 16,1), a quem consideraria como verdadeiro filho na fé (cf. 1Tm 1,2). A figura de Timóteo tornou-se um símbolo do potencial da juventude, pela credibilidade que lhe daria o apóstolo.

Timóteo já gozava de boa reputação onde morava (cf. At 16,2). Embora Lucas não lhe atribua nenhuma função na comunidade de Listra, o autor dos *Atos* faz uma indicação de que havia consenso quanto à capacidade de Timóteo, reconhecendo que sobre ele estavam sinais de maturidade. Paulo quis que Timóteo fosse em sua companhia (cf. At 16,3), ocasião em que ocupou lugar na pregação ao lado de Silas e do próprio Paulo (cf. 2Cor 1,19). Este o enviava sem receios, para cumprir missões importantes (cf. 1Ts 2,18; 3,1-3; 1Tm

1,3; At 17,14; 18,5; 19,22) e não se mantinha como seu tutor permanente, como no caso de Pedro em relação a João.

Como exemplo da confiança tributada a Timóteo, temos o episódio em que Paulo ordenou que aquele permanecesse "em Éfeso para impedir que certas pessoas andassem a ensinar doutrinas extravagantes" (1Tm 1,3b). Porém, a expressão que melhor traduz a postura paulina frente aos jovens, talvez, seja aquela que está em 1Tm 4,12: "Ninguém te desprezes por ser jovem. Ao contrário, torna-te modelo para os fiéis, no modo de falar e de viver; na caridade, na fé, na castidade". Consciente dos possíveis preconceitos, Paulo exorta a que ninguém se deixe levar por outros critérios, a não ser aqueles que o Evangelho preconiza. Além disso, o apóstolo enseja que Timóteo – mesmo sendo jovem – torne-se *um modelo* para seus irmãos.

A exemplo de Timóteo, muitos jovens hoje têm potencial para se tornarem "modelos para os fiéis". Grosso modo, é possível esperar deles o mesmo que Paulo esperava de seu discípulo. Bem vividos, os anos trazem um tesouro incomensurável de sabedoria. Entretanto, a idade nunca pode ser um critério absoluto, pois "a juventude atingindo tão depressa a perfeição, confunde a longa velhice do pecador" (Sb 4,16b).

Quando São Paulo escreveu a Timóteo, estava no auge da velhice. Sobretudo na segunda epístola, que redigiu na prisão, o apóstolo já pressentia a morte. Porém, um dos termos mais característicos da carta é a palavra grega "kalós", que quer dizer "belo" ou "bom". O vocábulo aparece 24 vezes nas pastorais, ao passo que em todas as outras epístolas é usado apenas 20 vezes (BETTENCOURT, s/d, p. 75). As expressões: "belo ou nobre combate da fé", "a bela ou heroica confissão", "a bela ou fiel militância", "bela ou sadia doutrina", entre outras, demonstram que Paulo exultava de alegria quando se referia ao Evangelho e ao ministério que lhe fora confiado. Ora, esse regozijo é típico da juventude e demonstra que o apóstolo não só perseverou na fé, como também manteve o entusiasmo dos primeiros dias.

Na *Christifideles Laici*, João Paulo II teve o mérito de reforçar a concepção paulina em relação aos jovens, vendo-os como "uma força excepcional".[31] O trecho mais significativo está no número 46: "Os jovens não devem ser considerados simplesmente como o objeto da solicitude pastoral da Igreja: são de fato e devem ser encorajados a ser sujeitos ativos, protagonistas da evangelização e artífices da renovação social" (grifo meu). Dessa forma, o Papa confere aos jovens um mandato. E diz-lhes: "Ide também vós para a vinha". Ou, em outras palavras:

> Queridos jovens: a Igreja olha para vós com confiança, conta convosco. Sois as gerações chamadas a transmitir o dom da fé ao novo milênio. (...) Deixai-vos renovar por Cristo! A nova evangelização – da qual deveis ser protagonistas – começa por uma só coisa, pela conversão do coração a Cristo. (...) Não vos conformeis com a mediocridade.[32]

Outra categoria que precisa ser mais encorajada são *as famílias*. Durante muito tempo, a elas foi destinado um ministério que, embora importante, não encerra suas potenciali-

---
[31] Cf. n. 46.
[32] Mensagem aos jovens da Europa reunidos em Santiago de Compostela, entre os dias 4 e 8 de agosto de 1999. Cf. *L'Observatore Romano*, s/d, s/p.

dades: o trabalho secular e a educação dos filhos. A família cristã do terceiro milênio é chamada a "sair", indo além de si mesma e redescobrindo sua tarefa evangelizadora extramuros, assim como Abraão que ultrapassou os limites do entendimento de sua vocação familiar, por acreditar na palavra: "Todas as famílias da terra serão benditas em ti" (Gn 12,3b).

Há, enfim, uma série de pessoas não contratadas: *os pobres, as crianças, os analfabetos, os deficientes, e tantos outros* que, segundo alguns parâmetros, não podem fazer nada pelo Reino de Deus. Tenho convicção de que também essas categorias não são apenas objeto da solicitude pastoral, mas construtores efetivos, instrumentos privilegiados de renovação, na mesma dignidade que todos os outros chamados (JOÃO PAULO II, 1999, n. 53).

Na parábola dos operários da vinha, o último chamado é o mais bonito de todos. Primeiro, porque o dia já estava em seu fim e o pai de família considerou não apenas a necessidade da vinha, mas também a realidade dos que passaram uma jornada quase completa sem fazer nada. Depois, porque o pai de família fez a convocação nos mesmos termos que fizera aos primeiros: "Ide vós também para a minha vinha". Isso denota igualdade, eliminando qualquer pretensão de tornar esse chamado menos digno do que o dos primeiros.

O protagonismo dos leigos não deve ser, portanto, encarado como uma abertura parcial, para alguns leigos "mais capacitados", como se Deus tivesse feito uma seleção de operários especializados para ajudarem a fazer o que os "profissionais do Reino" não estavam mais dando conta. Se visto corretamente, esse protagonismo poderá nos fazer contemplar a Igreja – toda ela –, sob o olhar de um só "pai de família", repleta de homens e mulheres de toda espécie, todos construtores de um único edifício e, o que é mais belo, dignos do mesmo salário.

4. Conclusão

Não podemos lançar mão do discurso sobre o protagonismo dos leigos, submetendo-o a categorias mentais arcaicas. Há que se renunciar o paternalismo e promover verdadeiras mudanças paradigmáticas. Isso não se faz com documentos, mas com ações de vanguarda, ou seja, ações fora do padrão comum, mais ou menos arriscadas, quiçá causadoras de crises. Sem ações de vanguarda não é possível mudar nada. Obviamente, isso exige discernimento, considerando os contextos e as pessoas envolvidas.

Muitas justificativas para não promover mudanças têm origem não nos riscos naturais que elas contêm, mas nas seguranças humanas, no pouco profetismo, no medo de perder poder e conforto, entre outras coisas. Porém, tais mudanças são uma exigência dos tempos atuais, que demandam posturas mais arrojadas e corajosas, sem murmurações e com abertura ao Espírito Santo, pois a Deus é permitido fazer de seus bens o que lhe apraz (cf. Mt 20,15).

V
NOVAS COMUNIDADES: UMA ALTERNATIVA PASTORAL?

1. Introdução

No bojo das modificações sociais dos últimos anos, encontramos um fenômeno comunitário amplo e abrangente, que não se restringe ao universo religioso. No mundo atual, um número cada vez maior de pessoas parece resistir ao processo de individualização e atomização, tendendo a se agrupar em organizações comunitárias. Enquanto conteúdo específico, entretanto, grande número de comunidades tem se originado a partir de experiências religiosas, não raras vezes assumindo um formato institucional.

No âmbito do catolicismo, destaca-se o surgimento das ditas "novas comunidades", que remonta aos inícios da década de setenta, época da constituição da Renovação Carismática nos Estados Unidos, logo após a conclusão do Concílio Vaticano II. Por isso, são consideradas, por alguns, como um dos frutos do próprio Concílio. De alguma maneira, elas se impuseram enquanto fenômeno tanto social quanto eclesial, constituindo-se para o catolicismo, em certa medida, como uma grande novidade.

A expressão "novas comunidades" também se impôs, sem que se possa dizer como e quando, e ressalta o fato de essas comunidades serem uma nova forma de consagração religiosa no catolicismo (PLÉTY, 1999). Também é o termo que as distingue das outras expressões de vida comunitária do catolicismo. Com efeito, as novas comunidades são "uma forma associativa, em grande parte nova na Igreja, diferenciando-se das comunidades paroquiais, das comunidades eclesiais de base e das comunidades religiosas, bem como dos demais movimentos eclesiais" (CNBB, 2006, n. 25).

As "novas comunidades" são associações de católicos (homens e mulheres), geralmente provindos do movimento carismático que, sob a liderança de um fundador ou fundadora, buscam viver segundo o modelo da comunidade cristã primitiva. Elas congregam pessoas de diversos estados de vida (casados, solteiros, celibatários, às vezes sacerdotes) e se organizam de modo a responder às demandas da nova evangelização.

Quanto à forma, as novas comunidades podem ser de "aliança" ou de "vida". Nestas, os membros renunciam a seus planos individuais para morarem juntos e dedicarem-se integralmente ao projeto evangelizador da instituição. Naquelas eles conciliam seus compromissos de consagração com os da vida secular, mantendo residência junto a seus familiares. Vale ressaltar que algumas comunidades têm as duas formas de organização.

2. Novas comunidades: razões do aparecimento e crescimento

A Santa Sé tem interpretado o surgimento das novas comunidades como um sinal da intervenção divina em favor das necessidades da Igreja e do mundo. O Brasil é particularmente fecundo em relação ao nascimento dessas comunidades. A revista *Carta Capital* estimou a existência de aproximadamente trezentas (OLIVEIRA, 2004). Sidney Timbó (2004, p. 16) calculou mais de quatrocentas. Anjos e Carranza (2010), por sua vez, falam de quinhentos e cinquenta na composição desse quadro.

As razões que justificam o aparecimento e crescimento dessas comunidades são muitas e variadas. Aqui, destacarei três delas, aquelas que considero as de maior peso. A primeira diz respeito à *situação gerada no Ocidente com a passagem da comunidade tradicional para a sociedade moderna*.[33] Essa transição é marcada pelo declínio da coletividade em favor do individualismo (PAIVA, 1998). Na sociedade moderna, o maior grau de impessoalidade e anonimato torna menos possível o caráter durável das relações interpessoais, pois elas estão, mormente, condicionadas a fins instrumentais. Com efeito, foram desfeitos os elementos mais firmes e solidamente marcados de orientação que sugeriam uma situação social que era mais duradoura, mais segura e mais confiável. Assim, se, por um lado, os indivíduos dispõem de maior autonomia frente aos condicionamentos sociais,

---

[33] No mundo ocidental, a vida social se organizou até certo tempo muito mais em torno de relações comunitárias. Na comunidade tradicional, a solidariedade entre seus membros faz com que eles sintam que o relacionamento é um valor em si e por si; eles pertencem uns aos outros, porque são do mesmo tipo (COHEN, 1995). Uma comunidade tradicional é, geralmente, pequena e a comunicação entre as pessoas é densa. A distinção entre aqueles que pertencem e os que não pertencem a ela é bastante clara. Na sociedade ocidental pré-moderna, a comunidade tradicional foi, quiçá, o grupo social mais importante, do qual o indivíduo dependia para obter satisfação psíquica e adquirir a segurança de que necessitava (SCHNEIDER, 1976). A sociedade, em sentido estrito, fez sentir sua força somente a partir do momento em que acontecimentos revolucionários, especialmente aqueles vinculados ao progresso tecnológico do mundo, provocaram uma mudança de estrutura na vida social. Essa mudança pode ser referida como desmantelamento, decadência, desaparecimento ou eclipse da comunidade tradicional.

por outro, os sistemas normativos e de valores carecem de solidez e oferecem menos segurança a estes mesmos indivíduos.

Segundo Zigmund Bauman (2003), a maior consequência do desmantelamento do sistema comunitário tradicional é a insegurança crescentemente experimentada pelos indivíduos em virtude da ausência de vínculos de pertença. Para esse autor, a individualização moderna significou, no fundo, uma troca da segurança pela liberdade. E a chance de desfrutar da liberdade sem pagar o alto preço da insegurança é um privilégio de poucos.

Nessas circunstâncias, a comunidade volta a aparecer como a opção mais evidente, razão pela qual estaríamos vendo hoje, por meio, por exemplo, dos diversos tribalismos contemporâneos (religiosos, esportivos, musicais, tecnológicos etc.), um ressurgimento da vontade de "estar junto", nos quais o compartilhamento de emoções em comum e a identificação com um grupo estariam, em certa medida, substituindo o individualismo moderno (LEMOS, 2006; MAFFESOLI, 2006).

Para Bauman (op. cit.), onde o Estado fracassou, postula-se que a comunidade triunfe. Busca-se um controle sobre as condições sob as quais os desafios da vida são enfrentados, controle que só pode ser obtido coletivamente. Concretamente, quando acorrem para experiências comunitárias, os indivíduos estariam procurando criar uma garantia de vida para além da dinâmica capitalista, dado à fluidez e volatilidade do sistema.

> Hoje em dia, a comunidade é procurada como abrigo contra as sucessivas correntezas de turbulência global

(...). Sentimos falta de comunidade porque sentimos falta de segurança, qualidade fundamental para uma vida feliz, mas que o mundo que habitamos é cada vez menos capaz de oferecer e mais relutante em prometer (BAUMAN, op. cit., p. 128-129).

Jacqueline Scherer (1973, p. 100) defende que, em face da situação de alienação na qual se encontra o homem no interior dos sistemas sociais de massa, "começamos a aceitar que a desolação do isolamento e o perigo de um individualismo levado ao extremo devem ser vencidos a qualquer preço". Segundo essa autora, na sociedade moderna, as grandes organizações são demasiadamente extensas e impessoais para responder satisfatoriamente às necessidades humanas e, ao mesmo tempo, a família tornou-se limitada e restrita para fazer face a suas responsabilidades como base da sociedade. Essas e outras conjunturas sociais teriam tornado a comunidade algo mais atraente do que nunca.

Berger & Luckmann (2004) também apontam para a insegurança crescente que motiva os indivíduos a viverem experiências coletivas. Eles advertem que a sociedade moderna vive uma crise de orientação cultural, em que a Igreja, a Escola, a Família e o Estado – instituições que faziam a ponte entre o indivíduo e a sociedade – teriam perdido a capacidade de orientar as aspirações profundas de seus membros. Isso teria feito brotar a insegurança *como norma*, uma vez que a modernização tornou mais difícil a manutenção de todo monopólio de sistemas de valores. Por outro lado, ainda segundo Berger e Luckmann, a modernidade criou ao mesmo tempo a possibilidade da formação de comunidades supraespaciais de convicção.

Portanto, diversos autores têm apontado para o advento de um novo comunitarismo, como fruto da insegurança em que se encontram os indivíduos atualmente. O agente individuado tem dificuldades de realizar-se radicalmente em uma comunidade, pois essa se apresenta muitas vezes como sua negação; entretanto, ele não pode prescindir totalmente das ligações comunitárias, posto que a liberdade excessiva lhe é prejudicial. Os instrumentos de controle próprios da "sociedade" (leis e convenções) parecem não ter a mesma força de coercitividade de que dispõem aqueles que são típicos da pré-modernidade (religião e costumes). Desse modo, é possível sugerir que a sociedade moderna acabou reunindo as condições pelas quais os indivíduos sentem a necessidade de buscar experiências comunitárias.

No fim das contas, essa busca representaria uma procura por segurança *existencial*, condição daqueles indivíduos que adquirem sentido de pertença relativamente independentemente de sua capacidade produtiva e dos recursos materiais de que podem dispor. Segurança que teria relação direta com o estabelecimento de vínculos comunitários, pois a comunidade parece ser a instituição social que melhor se apresenta como uma *matriz* onde as oportunidades de convivência harmônica e não competitiva se multiplicam, favorecendo a superação dos problemas gerados pelas condições de vida atuais e pelas incertezas da economia mundial (SOUSA, 2003).

De um lado, a modernidade desmantelou o sistema comunitário tradicional por seu projeto de individuação radical. Por outro, essa mesma situação gerou nos indivíduos o desejo de pertença e a busca por formas de agregação. Assim é que muitos indivíduos modernos, após as múltiplas conquistas em torno de sua autonomia, desejam agora uma comunidade na qual possam se inserir e desfrutar da segurança que esta lhes outorga.

O aparecimento das novas comunidades católicas, especialmente das comunidades de vida, tem tudo a ver com esse contexto social. Elas constituem uma oportunidade de as pessoas encontrarem refúgio contra um mundo "fora dos limites" (BENEDETTI, 2009). Não restam dúvidas de que essas comunidades se apresentam como alternativas de convivência social menos marcada pela competitividade e que, portanto, elas oferecem aos seus partícipes a segurança existencial que esses não encontram nas instituições seculares em que estão inseridos, nem mesmo na própria família.

Caracterizar as novas comunidades como "refúgios" para pessoas, sobretudo jovens, que fogem da sociedade individualista e competitiva, tem sido uma chave de interpretação pertinente. Essa possibilidade de leitura está de acordo com a visão de autores como Zigmund Bauman (2003), Manuel Castells (1999) e Cecília Mariz (2004). Contudo, considero que ela representa apenas *um* aspecto do complexo universo de motivações para constituição dessas comunidades. Com efeito, na maioria dos casos, os membros das comunidades de vida no Espírito dizem-se seguidores de um "chamado" feito por Deus. Isso significa que há um elemento que transcende as condições sociais estritas criadas e que tem a ver com a experiência religiosa enquanto tal.

Normalmente, os membros das novas comunidades se dizem identificados com o estilo de vida do grupo ao qual pertencem e estão convictos de que essa é sua vocação, ou seja, a forma de viver que Deus escolheu para eles antes mesmo de eles nascerem. A compreensão a esse respeito se processa nos acontecimentos cotidianos e se concretiza nas oportunidades surgidas para conhecer e entrar em uma comunidade, oportunidades essas que, na maioria dos casos, são entendidas como sinais sobrenaturais.

Em *Medievais e pós-modernos* (2009), o sociólogo carioca Rodrigo Portella considera que a renúncia feita pelos jovens que abandonam a vida secular em troca do estilo de vida dessas comunidades seja motivada por uma *escolha*, "em princípio bem consciente". Partindo de pesquisa sobre o crescimento da Fraternidade Toca de Assis, Portella sustenta que esses jovens não são constrangidos a romper com a sociedade.

> Ao contrário, o constrangimento e as pressões são no sentido contrário. Portanto, mais do que um jovem que frequenta bares, cursa faculdade e adere às modas sociais, podemos dizer que jovens como os toqueiros, estes sim, ao tomar um rumo tão díspar do convencionado como 'normal' pela sociedade, é que fazem uma verdadeira opção (PORTELLA, op. cit., p. 180).

Ora, essa visão – com a qual concordo – aponta para outra razão capaz de explicar o aparecimento, crescimento e a vitalidade das comunidades de vida no Espírito: *a escolha*. Todavia, essa escolha não deve ser entendida em sentido meramente instrumental. Trata-se de uma opção motivada por uma *experiência* religiosa, em última análise, uma *vocação*. Isso não se opõe à ideia de que a busca por comunidade no mundo atual seja provocada pela insegurança, mas não deixa de questionar a explicação – a meu ver reducionista – de que o grande número de pessoas que opta por viver em comunidades deve-se, simplesmente, ao medo de enfrentar o mundo e seus desafios. A atitude dessas pessoas pode significar também "um alto grau de juízo, que se constitui num elemento de alta reflexibilidade, e não num desgosto pela vida social normativa ou numa atitude masoquista ou de *fuga do mundo*" (PORTELLA, op. cit., p. 180 – grifo meu).

Uma terceira razão é sugerida por Brenda Carranza e Cecília Mariz (2009). Essas autoras enfatizam a *identidade* que é oferecida pela consagração nessas comunidades, constituindo-se essa oferta sua grande inovação: "Nela os membros são reconhecidos e sentem-se parte do grupo que os situa e localiza na sociedade e na Igreja, retirando quaisquer vestígios de anonimato, marca registrada da crise no mundo contemporâneo" (CARRANZA & MARIZ, 2009, p. 146). Carranza & Mariz (op. cit., p. 166-167) arriscam-se em dizer que "as *novas comunidades* no seio católico cumprem a função de ordenador e de esteio existencial, disponibilizando a seus membros elementos para reconstrução da identidade pessoal".

A possibilidade de encontrar uma identidade coletiva capaz de superar o anonimato e a indefinição pessoal é um elemento deveras importante no contexto atual. É característica muito difundida dos homens e mulheres contemporâneos viverem permanentemente com um "problema de identidade". Eles sofrem pela falta de recursos com os quais possam construir uma identidade verdadeiramente sólida e duradoura (BAUMAN, 1998). No limite, várias pessoas tendem a cair em um relativismo ético de *per si* prejudicial à sociedade, pois, conforme advertem Berger & Luckmann (2004, p. 79-80), "uma pessoa para a qual as mais diferentes e contraditórias normas são igualmente válidas ou inválidas, já não é capaz de um agir coerente e responsável".

As consequências da indefinição identitária são muitas. Entre elas está o trânsito ideológico marcado pelo sentimento de insegurança e incerteza perante o mundo. Mas está também a "fragmentação" ou "descentramento" do sujeito (HALL, 1998). Na maioria das vezes, porque carecem de identidade, os indivíduos carecem igualmente de *projetos de vida*, a não ser aqueles de caráter estritamente pessoal baseados em "sonhos" consumistas. As pessoas parecem colocadas diante de bens de consumo e convencidas de que a realização do eu se obtém mediante simplesmente a posse desses bens (ANJOS, 2010). Os grandes ideais, a vontade de mudança e a consequente tensão social positiva que isso gera ficam ausentes dos objetivos individuais.

Em última análise, trata-se de um conformismo camuflado (sob a égide de um voluntarismo imediatista) e de uma aposta na vida como "experiência do efêmero". Os indivíduos tornam-se, então, vulneráveis a um tipo de relativismo que, sob a aparência de liberdade pessoal, fornece álibi a quem é indiferente à necessidade de pensar e ao dever moral de escolher (MALDONATO, 2003). Sem um projeto que transcenda o próprio indivíduo, a vida humana corre o risco de cair na mediocridade.

Muitos indivíduos acabam por sentir a necessidade de referências éticas consistentes, sistemas plausíveis de valores (religiosos ou não) a partir dos quais possam fugir do anonimato e adquirir uma identidade pessoal. Afirmo que essas referências só podem ser construídas com base em identidades coletivas. As identidades coletivas estão no alicerce da existência de indivíduos centrados. É na relação com elas que esses *se definem* e se confrontam com o mundo, interpretando (ou reinterpretando) os mecanismos culturais que se entrechocam diante de seus olhos. O indivíduo sem uma referência coletiva, "em primeiro lugar, não pode ter certeza de que aquilo que julga bom e justo também seja assim considerado pelos outros; em segundo lugar, nem ele mesmo sabe sempre o que é bom e justo para si próprio" (BERGER & LUCKMANN, 2004, p. 87).

Curiosamente, o mesmo indivíduo que se libertou das fronteiras comunitárias, agora parece não conseguir se posicionar frente à polifonia da sociedade contemporânea sem lançar mão de uma identidade coletiva. Interessante perceber que é do epicentro de um individualismo exacerbado que surge a proposta comunitária como nova possibilidade de sociabilização e que a própria expansão do pluralismo e do relativismo produziu o reforço das aspirações comunitárias como uma maneira de superar a crise de identidade individual (PAIVA, 1998; HERVIEU-LÉGER, 2008). Parece que a própria sociedade, em momentos de crise, tenta se recompor para preservar seu equilíbrio e que o fenômeno comunitário contemporâneo pode ser considerado uma evidência desse fato.

Assim, temos três razões que justificariam o aparecimento e crescimento das novas comunidades: busca por segurança, escolha consciente (motivada pela experiência religiosa de "chamado vocacional") e desejo de identidade. Esses elementos estão imbricados e os três podem estar contidos em uma única opção de busca e pertença comunitária.

3. Uma alternativa pastoral?

Alguns trabalhos acadêmicos colocam, com procedência, que as novas comunidades ocupam uma posição híbrida na Igreja católica: por um lado, reforçam a institucionalidade por meio de um discurso moral e sacramental fortemente marcado pela ortodoxia e pela obediência à hierarquia; por outro, mantêm autonomia em relação à estrutura eclesiástica, funcionando, dessa forma, como um elemento contestador dessa mesma estrutura (CARRANZA, 2000; MARIZ, 2006; SOUSA, 2005; MAIA, 2008).

Diante de tal situação, creio ser importante perguntar: por que essas comunidades não se inserem completamente na estrutura da Igreja católica, especialmente na paróquia? Por que insistem em adquirir autonomia de governo e campo apostólico próprio, resistindo a todas as tentativas de enquadramento nas estruturas tradicionais? Ao promoverem certa ruptura com a disposição hierárquica da Igreja, o que elas estão recusando, uma vez que pleiteiam legitimar sua experiência na ortodoxia do catolicismo? Proponho-me a sugerir algumas razões.

O que está no cerne da autonomia conquistada pelas novas comunidades, primeiramente, é o primado que elas dão à dimensão carismática. As estruturas eclesiais tradicionais são inóspitas para a manifestação de carismas pessoais, especialmente aqueles de cunho pentecostal, como a glossolalia e as curas. Analisei essa dicotomia, em minha dissertação de mestrado, sobre as relações de poder na Renovação Carismática brasileira, qualificando a autonomia desenvolvida pelo movimento como "sutil" justamente pelo fato de se encontrar revestida de elementos do catolicismo tradicional sem, contudo, abrir mão da vivência e primazia dos carismas pentecostais (SOUSA, 2005).

Porém, as novas comunidades fazem algo mais do que buscar ambientes em que possam exercer carismas pentecostais. Ao desenvolver autonomia, elas rejeitam o peso das estruturas paroquiais, seu centralismo e seu controle excessivo sobre os grupos membros. Na maioria das vezes, inserir-se completamente em uma paróquia, aderindo a todos os seus apelos pastorais, significa para essas comunidades a impossibilidade de viver sua experiência comunitária particular e, consequentemente, a perda de sua identidade. Ora, as comunidades consideram que o dom ou carisma que lhes é próprio é o de uma renovação que deve manifestar-se *como tal* (GONDAL, 1999).

Mais objetivamente falando, a submissão a uma estrutura eclesial tradicional transformaria essas comunidades em equipes paroquiais sem campo apostólico próprio. Elas seriam comandadas pelo pároco e meras coadjuvantes nas atividades tradicionais da Igreja. Em alguns casos, dependeriam totalmente das decisões em instâncias superiores para tomar iniciativas de qualquer ordem. Mas as comunidades carismáticas são apegadas a sua originalidade e, por conseguinte, a sua autonomia (GONDAL, op. cit.).

A autonomia das novas comunidades fez com que elas alcançassem, sob diversos aspectos, melhor grau de organização do que muitas paróquias e, em função disso, obtêm melhores resultados em suas ações evangelizadoras. Elas conseguem entusiasmar seus membros e fazê-los trabalhar com maior motivação, além de gerar um ambiente de fraternidade. Também criam mecanismos de arrecadação que lhes conferem independência financeira, o que, não raras vezes, a instituição tradicional sente como uma ameaça ao dízimo. Essa característica é da própria natureza das novas comunidades e determina seu modo de agir. A submissão da dinâmica dessas comunidades aos mecanismos de governo paroquial é algo que não se pode alcançar sem comprometer o novo movimento comunitário católico. A autonomia das novas comunidades nada tem a ver com propósitos de ruptura de suas lideranças, mas com a impossibilidade delas de caberem na estrutura tradicional na Igreja.

O Subsídio 3 da Comissão Episcopal para a Doutrina da Fé da Conferência Nacional dos Bispos do Brasil (*Igreja Particular, movimentos eclesiais e novas comunidades*) deu conta do caráter autônomo das novas comunidades. Esse documento admite, por exemplo, que elas não se definem por território, têm governo e campo apostólico próprio e desenvolvem autonomia financeira (cf. n. 25).

As novas comunidades pertencem ao presente. Elas combinam nostalgia e senso de atualidade, unindo em uma mesma experiência os desejos de autonomia e de pertença dos indivíduos contemporâneos. Por causa disso é que se constituem, na prática, uma alternativa pastoral bastante interessante, que deveria ser melhor observada e menos questionada quanto ao seu enquadramento institucional. A capacidade de mobilidade e adaptação dessas comunidades impressiona, sobretudo quando contrastada com a inércia de grupos tradicionais. Para as jovens comunidades, mudar é muito simples, porque menos provadas pelo tempo (PLÉ-TY, 1999).

As novas comunidades trazem consigo a proposição implícita de um novo modelo pastoral, mais adequado à sociedade contemporânea. Elas definem mais facilmente uma identidade e para ela fazem convergir sua ação orgânica. Nelas, as pessoas encontram maior coesão e adquirem sentido de pertença umas com as outras, melhor doutrinação e refúgio contra a anomia da vida social. Além disso, o ambiente emocionalmente envolvente que falta nas paróquias, na maioria dos casos, sobra nas comunidades.

Dessa forma, embora não assumam nenhuma oposição explícita ao sistema paroquial, as novas comunidades, na prática, chegam a se apresentar como uma alternativa a ele porque reúnem os elementos dos quais a paróquia carece, a saber: identidade centrada em valores comuns, ambiente emocionalmente envolvente capaz de superar o anonimato dos fiéis, certa facilidade de diálogo com o homem moderno e vocação evangelizadora. Com efeito, as novas comunidades já agem com base nesses elementos e não se prendem à territorialidade quando executam suas tarefas.

Não se trata de uma "alternativa" no sentido de substituir o sistema pastoral vigente, mas de um modelo que oferece pistas sobre como agir no mundo atual. A investigação a respeito do modo como essas comunidades se organizam pode oferecer elementos importantes para compreender como o catolicismo poderia responder às demandas surgidas na contemporaneidade. Nesse sentido, as novas comunidades seriam, para o catolicismo, uma *solução carismática*, conquanto signifique, ao mesmo tempo, um *problema institucional*. A tensão que trouxeram para o interior da organização é produtiva, pois, afinal, onde não há conflito, há dominação, indiferença ou mediocridade.

4. Conclusão

Alguns autores definem a comunidade como algo inoperante, associado à morte do indivíduo ou a um "nada-em-comum". A morte coincidiria em tudo com a comunidade porque ambas são experiências de um "limite", aquilo que separa o indivíduo de si mesmo, a essência de uma impropriedade que nivela todos. Para esses autores, a comunidade não é uma identidade comum, mas uma comum ausência de identidade (TARIZZO, 2007; ESPOSITO, 2007; BLANCHOT, 1984).

Sustento, pelo contrário, junto com outros autores, que a comunalidade pertence ao homem individual como parte de sua constituição ontológica (SCHMITZ, 1995). Que só dentro do *ethos* da comunidade pode o indivíduo fazer-se propriamente homem, ou seja, transformar a vida natural na vida investida de valor (SODRÉ, 2009). Que a comunidade não é o fim a que tende o indivíduo, mas é antes o princípio de onde a individualidade nasce (GENTILE, 1946). Sustento, enfim, que a comunidade representa, nessa perspectiva, o resgate do que há de mais natural no sujeito (NANCY, 1992).

Do ponto de vista sociológico, é a comunidade que contribui para a manifestação do indivíduo em sua singularidade, uma vez que o peculiar se visibiliza mediante certo grau de homogeneidade. Cada indivíduo é uma "iniciação", não só do tipo humano absoluto, mas também da individualidade única do próprio ser. Somente a "visão do outro" é capaz de completar esse caráter fragmentário (SIMMEL, 1973). O indivíduo precisa correr o risco de perder-se no universo comunitário, pois se fica isolado, morre em seu isolamento: "Sozinho, vi muitas coisas maravilhosas, mas nenhuma delas era verdadeira".[34]

---

[34] Provérbio africano citado por KELLNER-ROGERS, Myron. WHEATLEY, Margaret J. O paradoxo e a promessa da comunidade. In. DRUCKER, Peter F (org). *A comunidade do futuro*: ideias para uma nova comunidade. São Paulo: Futura, 1998, p. 25.

CONSIDERAÇÕES FINAIS
E assim ambos se conservam

Há muitos obstáculos para que a conversão pastoral na Igreja católica se torne realidade. Porém, há igualmente muitas possibilidades. O sucesso de uma empreitada desse naipe depende muito das escolhas dos agentes envolvidos, da capacidade desses de optar pela quebra de paradigmas. A começar pelas pessoas que estão inseridas nas paróquias, mormente seus pastores que, a meu ver, não deveriam se apegar às velhas estruturas, pois o que se apresentaria como uma tentativa de salvar seria, na verdade, um modo de perder.

É evidente que estamos atravessando um tempo crítico. Nesse tipo de situação – em que é possível enxergar excelentes oportunidades – é mais sábio optar por se comportar como sujeito do que como vítima da história. Diante de nós está a ocasião singular de tornar nossa Igreja funcionalmente carismática e missionária, mais flexível em sua organização, capaz de enxergar progressivamente o mandato que recebeu do Senhor e de oferecer uma formação integral àqueles que a ela se achegam. Por isso,

> "mais do que o temor de falhar, espero que nos mova o medo de nos encerrarmos nas estruturas que nos dão uma falsa proteção, nas normas que nos transformam

em juízes implacáveis, nos hábitos em que nos sentimos tranquilos, enquanto lá fora há uma multidão faminta e Jesus repete-nos sem cessar: 'Dai-lhes vós mesmos de comer' (Mc 6,37)" (FRANCISCO, 2013, n. 49).

No momento atual, é melhor pecar por excesso do que por omissão, correndo o risco de perder o controle sobre muitas coisas, na tentativa de forjar uma comunhão eclesial em cujo bojo a autonomia e o protagonismo dos leigos possam ser encontrados. Nesse tipo de contexto, os profetas são mais bem-vindos do que os burocratas. Ainda que aqueles cometam equívocos, mais danosa seria a inércia desses.

Temos razões para acreditar que é possível uma verdadeira conversão pastoral. Há sinais de mudanças. Há, outrossim, uma quantidade significativa de clérigos e leigos empenhada em promover essa conversão, disposta a tudo por amor a Deus e à Igreja. Apesar dos obstáculos estruturais que enfrentam, seus testemunhos repercutirão positivamente e darão frutos em um futuro breve.

Há um projeto a ser perseguido. E ele não se concretizará sem sofrimento. Então, que os profetas nos mostrem o caminho; os intelectuais observem, sistematizem, argumentem; os místicos, enfim, rezem e, quiçá, exorcizem arcabouços infestados. Importa que nenhum daqueles que vive nos tempos atuais um dia chegue diante de Deus sem ter feito aquilo que deveria fazer.

Quando dispusermos de um novo *tecido* eclesial, ainda que com rasgos e arestas, será possível remendá-lo adequadamente, costurando com o pedaço que o Espírito Santo providenciou. Somente assim, tecido e remendo, tanto um quanto outro, então, se conservará (cf. Mt 9,17).

REFERÊNCIAS

ANJOS, Marcio Fabri dos. Comunidade e pluralismo. In. KEENAN, James F. (Org). *Ética teológica católica no contexto mundial*. Aparecida: Santuário, 2010, p. 395-410.

_____. CARRANZA, Brenda. Para compreender as novas comunidades católicas. In. *Convergência*, Brasília, v. 45, n. 433, jul./ago. 2010 (no prelo).

BAUMAN, Zigmunt. *O mal-estar da pós-modernidade*. Rio de Janeiro: Zahar, 1998.

_____. *Comunidade*: a busca por segurança no mundo atual. Tradução de Plínio Dentzien. Rio de Janeiro: Zahar, 2003.

BETTENCOURT, Estêvão Tavares. *Curso Bíblico*. Rio de Janeiro: Mater Ecclesiae, s/d, 180 p.

BENEDETTI, Luiz Roberto. Novos rumos do catolicismo. In. MARIZ, Cecília Loreto et al (orgs.). *Novas comunidades católicas*: em busca do espaço pós-moderno. Aparecida (SP): Ideias & Letras, 2009, p. 17-32.

BERGER, P., LUCKMANN, T. *Modernidade, pluralismo e crise de sentido*: a orientação do homem moderno. Tradução de Edgar Orth. Petropolis: Vozes, 2004.

BÍBLIA Tradução Ecumênica. São Paulo: Loyola, 1994.

BLANCO, Severiano. Comunidade: fundamento bíblico. In. CASAS, Juan Canals, RODRIGUEZ, Angel Aparício (orgs). Dicionário teológico da vida consagrada. São Paulo: Paulus, 1994, p. 182-189.
BLANCHOT, Maurice. La communità inconfessabile. Milão: Feltrinelli, 1984.
CARRANZA, Brenda Maribel. Renovação Carismática Católica: origens, mudanças, tendências. Aparecida: Santuário, 2000.
_____. MARIZ, Cecília. Novas comunidades católicas: por que crescem? In. MARIZ, Cecília Loreto et al (orgs.). Novas comunidades católicas: em busca do espaço pós-moderno. Aparecida (SP): Ideias & Letras, 2009, p. 139-170.
CASTELLS, Manuel. A sociedade em rede. 2. ed. Tradução: Roneide Venâncio Majer. São Paulo: Paz e Terra, 1999. (A Era da informação: economia, sociedade e cultura, v. 1.)
_____. O poder da identidade. 2. ed. Tradução de Klaus Braudini Gerhardt. São Paulo: Paz e Terra, 1999. (A Era da informação e economia: economia, sociedade e cultura, v. 2.)
_____. A era da informação: economia, sociedade e cultura, vol. 3, São Paulo: Paz e terra, 1999.
CATECISMO da Igreja Católica. 3. ed. Petrópolis: Vozes, São Paulo: Paulinas, Loyola, Ave-Maria, 1993, 744 p.
CÓDIGO de Direito Canônico. Tradução: Conferência Nacional dos Bispos do Brasil. Notas, comentários e índice analítico: Jesús Hostal. 2. ed. rev. amp. com a legislação complementar da CNBB. São Paulo: Loyola, 1987.
COHEN, Harry. A ideia de Gemeinschaft: rumo a uma nova sociologia humanística. In. MIRANDA, Orlando de (org). Para ler Ferdinand Tönnies. São Paulo: EDUSP, 1995, p. 205-228.

CONCÍLIO ECUMÊNICO VATICANO II. *Apostolicam Actuositatem:* sobre o apostolado dos leigos. In: COMPÊNDIO do Vaticano II. Constituições, Decretos e Declarações. Coordenação Geral de Frei Frederico Vier, OFM. 21. ed. Petrópolis: Vozes, 1991.

_____. *Lumen gentium*: constituição dogmática sobre a Igreja. 9. ed. São Paulo: Paulinas, 1990, 104 p.

CONFERÊNCIA GERAL DO EPISCOPADO LATINO-AMERICANO. *Documento de Aparecida:* texto conclusivo da V Conferência Geral do Episcopado Latino Americano e do Caribe. 9. ed. São Paulo: Paulinas, Paulus; Brasília: CNBB, 2008.

CONFERÊNCIA NACIONAL DOS BISPOS DO BRASIL. *Diretrizes gerais da ação evangelizadora da Igreja no Brasil (1999-2002).* São Paulo: Paulinas, 1998.

_____. *Missão e ministérios dos cristãos leigos e leigas.* 4. ed. São Paulo: Paulinas, 1999. (Documentos da CNBB, 62).

_____. *Olhando para frente*: o projeto "ser Igreja no novo milênio". Brasília: CNBB, 2000.

_____. *Igreja particular, movimentos eclesiais e novas comunidades.* São Paulo: Paulinas, 2006 (Subsídio, 3).

_____. *Comunidade de comunidades*: uma nova paróquia. Brasília: Edições CNBB, 2013 (Estudo 104).

_____. *Comunidade de comunidades*: uma nova paróquia. A conversão pastoral da paróquia. São Paulo: Paulinas, 2014. (Documentos da CNBB, 100).

_____. *Cristãos leigos e leigas na Igreja e na sociedade*: sal da terra e luz do mundo. Brasília: Edições CNBB, 2014a (Estudo 107).

DIEL, Paulo Fernando. A paróquia no Brasil na restauração católica durante a Primeira República. IN: TORRES-LON-

DOÑO, Fernando (org.). *Paróquia e comunidade no Brasil*: perspectiva histórica. São Paulo: Paulo, 1997, p. 131-170.

DIEZ, Macario. Comunhão. In. CASAS, Juan Canals, RODRIGUEZ, Angel Aparício (orgs). *Dicionário teológico da vida consagrada*. São Paulo: Paulus, 1994, p. 169-175.

ESPOSITO, Roberto. Niilismo e comunidade. In. PAIVA, Raquel. *O retorno da comunidade*: os novos caminhos do social. Prefácio de Muniz Sodré. Rio de Janeiro: Mauad X, 2007, p. 15-30.

FRANCISCO. Evangelli gaudium: exortação apostólica sobre o anúncio do Evangelho no mundo atual. Disponível em *www.vatican.va*. Consulta em 22 abril de 2013.

GENTILE, Giovanni. *Gènesi e strutura della società*. Firenze: Sansoni, 1946.

GONDAL, Marie-Louise. *Comunidades no cristianismo*: um novo passo a ser dado. Tradução de Magno José Vilela. São Paulo: Paulinas, 1999. (Coleção: Atualidade em diálogo).

HALL, Stuart. *A identidade cultural na pós-modernidade*. Rio de Janeiro: DP&A Editora, 1998.

HERVIEU-LÉGER, Daniele. *O peregrino e o convertido*: a religião em movimento. Tradução de João Batista Kreuch. Petrópolis: Vozes, 2008.

JOÃO PAULO II. *Christifideles Laici*: exortação apostólica sobre a vocação e missão dos leigos na Igreja e no mundo. São Paulo: Paulinas, 1989, 187 p.

_____. Não desiludais a Cristo que vos convida a segui-Lo e vos envia até aos confins da terra. *L'Osservatore romano*, s.d. (digitado).

KELLNER-ROGERS, Myron. WHEATLEY, Margaret J. O paradoxo e a promessa da comunidade. In. DRUCKER,

Peter F (org). *A comunidade do futuro*: ideias para uma nova comunidade. São Paulo: Futura, 1998, p. 21-30.
LEMOS, André. Ciber-socialidade: tecnologia e vida social na cultura contemporânea. Disponível em *www.facom.ufba.br*. Consulta em 2 de maio de 2006.
MAFFESOLI, Michel. *O tempo das tribos*: o declínio do individualismo nas sociedades de massa. 4. ed. São Paulo: Forense Universitária, 2006.
MAIA, Kaliane de Freitas. *As comunidades de vida e aliança no contexto do catolicismo*: uma análise do caso da Remidos no Senhor. Campina Grande, 2008. Dissertação (Mestrado em Ciências Sociais) – Universidade Federal de Campina Grande, Centro de Humanidades.
MALDONATO, Mauro. As origens e a evolução do conceito de tolerância. Texto apresentado no Seminário de Cultura e Intolerância (SESC Vila Mariana). São Paulo, novembro de 2003. Disponível em *www.secsp.org.br*. Consulta em 13 de julho de 2010.
MARIZ, Cecília Loreto. *Comunidades de vida no Espírito*: um novo modelo de família? Trabalho apresentado no VIII Congresso Luso-Afro-Brasileiro de Ciências Sociais. Coimbra, 2004. Disponível em *www.ces.uc.pt*. Consulta em 8 de junho de 2006.
_____. Comunidades de vida no Espírito Santo: juventude e religião. *Tempo social* [online], nov. 2005, vol. 17, n. 2, p. 253-273. Disponível em *www.scielo.br*. Consulta em 6 de junho de 2006.
MORAES, Denis de. A tirania do fugaz: mercantilização cultural e saturação midiática. In. *Sociedade midiatizada*. Rio de Janeiro: Mauad, 2006.
NANCY, Jean-Luc. *La comunitá inoperosa*. Milão: Cronopio, 1992.
OLIVEIRA, Eliane Martins de. *O mergulho no Espírito de Deus*: diálogos (im)possíveis entre a RCC e a Nova Era na

Comunidade de Vida no Espírito Canção Nova. Rio de Janeiro, 2003. Dissertação (Mestrado em Ciências Sociais). Programa de Pós-Graduação em Ciências Sociais, Universidade Estadual do Rio de Janeiro.

_____. O mergulho no Espírito de Deus: interfaces entre o catolicismo carismático e a Nova Era. In. *Religião e Sociedade*, 24 (1). Rio de Janeiro: 2004, p. 85-112.

PAIVA, Raquel. *O espírito comum*: comunidade, mídia e globalização. Petrópolis: Vozes, 1998.

PAULO VI. *Evangelii Nuntiandi*: exortação apostólica sobre a evangelização no mundo contemporâneo. 9. ed. São Paulo: Paulinas, 1986.

PLÉTY, Robert. *Igreja ordinária e comunidades novas*: um problema de comunicação. Tradução de Paulo Ferreira Valério. São Paulo: Paulinas, 1999.

PORTELLA, Rodrigo. Medievais e pós-modernos: a Toca de Assis e as novas sensibilidades católicas juvenis. In. MARIZ, Cecília Loreto et al (orgs.). *Novas comunidades católicas*: em busca do espaço pós-moderno. Aparecida (SP): Ideias & Letras, 2009, p. 171-194.

SCHENEIDER, Eugene V. *Sociologia industrial*: relações sociais entre a indústria e a comunidade. Rio de Janeiro: Zahar, 1976.

SCHERER, Jacqueline. Alguns paradoxos das comunidades contemporâneas: uma visão sociológica. In. GREGORY, Afonso (org). *Comunidades eclesiais de base*: utopia ou realidade. Petrópolis: Vozes, 1973, p. 97-123.

SCHMITZ, Kenneth L. Comunidade: a unidade ilusória. In. MIRANDA, Orlando de (org). *Para ler Ferdinand Tönnies*. São Paulo: EDUSP, 1995, p. 177-193.

SIMMEL, Georg. Requisitos universais e axiomáticos da sociedade. In. FERNANDES, Florestan (org). *Comunidade e sociedade*: leitura sobre problemas conceituais, metodológicos e de aplicação. São Paulo: Nacional, USP, 1973, p. 63-81.

SODRÉ, Muniz. *Antropológica do espelho*: uma teoria da comunicação linear em rede. 4 ed. Petrópolis: Vozes, 2009.

SOUSA, Ronaldo José de. *Ide às encruzilhadas*: doutrina social, Renovação Carismática e opção pelos pobres. Aparecida (SP): Santuário, 2003. (Coleção RCC Novo Milênio, 9).

_____. *Carisma e instituição*: relação de poder na Renovação Carismática Católica do Brasil. Aparecida: Santuário, 2005.

_____. *Comunidade e sociedade informacional*: o fenômeno comunitário contemporâneo a partir da Comunidade Midiática Canção Nova. Campina Grande, 2010, 280 f.: il. col. Tese (Doutorado em Ciências Sociais) – Universidade Federal de Campina Grande, Centro de Humanidades.

_____. *Comunidades de vida*: panorama de um fenômeno religioso moderno. Aparecida (SP): Santuário, 2013.

_____. *Pregador orante*: lectio divina a serviço da pregação. Aparecida (SP): Santuário, 2013a.

TARIZZO, Davide. Filósofos em comunidade: Nancy, Espósito, Agamben. In. PAIVA, Raquel. *O retorno da comunidade*: os novos caminhos do social. Prefácio de Muniz Sodré. Rio de Janeiro: Mauad X, 2007, p. 31-61.

TIMBÓ, Sidney. *Novas comunidades*: uma novidade no Brasil e no mundo. Fortaleza: Shalom, 2004.

A marca FSC® é a garantia de que a madeira utilizada na fabricação do papel deste livro provém de florestas que foram gerenciadas de maneira ambientalmente correta, socialmente justa e economicamente viável.

Este livro foi composto com as famílias tipográficas Albertus Medium, Adobe Caslon Pro e Kabel e impresso em papel Offset 75g/m² pela **Gráfica Santuário.**